LES CONSERVES
à la Maison

BIBLIOTHÈQUE " VIE A LA CAMPAGNE "

Jardins et Basses-Cours — Agriculture-Élevage

PUBLIÉE SOUS LA DIRECTION DE

M. ALBERT MAUMENÉ

Série des Volumes sur tous les sujets se rapportant à la Maison, au Jardin, à l'Élevage, et de Manuels essentiellement pratiques sur la Basse-Cour, l'Économie domestique, la Médecine des Végétaux, etc., bases de tout ce qui crée des Sources de Revenus à la Campagne, *avec une abondante Illustration démonstrative et cinématographique.*

PREMIÈRE SÉRIE. FORMAT IN-8.

J. CRÉPIN. — ***LA CHÈVRE.*** Son histoire. Son élevage pratique. Ses bienfaits. Ses services.
1 vol. in-8 avec 14 planches hors texte. Broché : 7 fr. 50. Relié : 10 fr.

C. JULIEN. — ***LA MOTOCULTURE.*** Travail mécanique du sol, principes agrologiques, outillage, pratique agricole.
1 vol. in-8 de 32 planches hors texte. Broché : 6 fr.

DEUXIÈME SÉRIE. FORMAT IN-16.

G. BOISSEAU et G. LANORVILLE. — ***L'ESCARGOT.*** Élevage et parcage lucratifs, préparation culinaire et vente.
1 vol. in-16 avec 23 planches doubles de gravures. Broché : 2 fr. 50.

MAURICE BOUROTE. — ***POUR COLONISER AU MAROC*** (la Chaouïa Agricole).
1 vol. in-16 avec 4 planches de gravures hors texte. Broché : 2 fr.

CÉLESTIN DUVAL. — ***DÉFENDONS NOS CULTURES*** (***I.*** Jardin d'agrément et Serres).
1 vol. in-16, avec 136 gravures. Broché : 5 fr.

RENÉE RAYMOND. — ***LES CONSERVES A LA MAISON (I. Ce qu'il faut connaître pour réussir. — Champignons et Condiments).***

LES CONSERVES A LA MAISON (II. Les Légumes.)

POUR PARAITRE DANS LA MÊME COLLECTION

CÉLESTIN DUVAL. — ***DÉFENDONS NOS CULTURES*** (***II.*** Jardin potager et grande culture).

DÉFENDONS NOS CULTURES (***III.*** Jardin fruitier, verger et vignoble).

BIBLIOTHÈQUE " VIE A LA CAMPAGNE "

LES CONSERVES

à la Maison

III

LES FRUITS

PAR

MME RENEE RAYMOND

Illustré de 32 Planches
de 95 Photographies démonstratives

PARIS
LIBRAIRIE HACHETTE ET Cie
79, BOULEVARD SAINT-GERMAIN, 79

1913

LES CONSERVES
A LA MAISON

Manuels essentiellement pratiques, destinés aux Maîtresses de maison, Professeurs et élèves des Écoles ménagères et agricoles, etc., Propriétaires, Cultivateurs, Éleveurs, Industriels, etc. Abondamment illustrés par la photographie démonstrative et cinématographique, ils donnent les meilleures et les plus économiques recettes pour la préparation, pour les besoins de la famille ou pour la vente de tous les Produits du sol et de l'élevage, utilisant les excédents des récoltes ou transformant fruits, légumes, volailles, préparés dans ce but.

Vol. I. — **Ce qu'il faut connaître pour réussir. — Champignons et Condiments.**

Vol. II. — **Les légumes.**

Vol. III. — **Les Fruits.**

Vol. IV. — **Confitures, gelées et marmelades.**

Vol. V. — **Jus de fruits et sirops.**

Vol. VI. — **Viandes, œufs, volailles et gibiers.**

Vol. VII. — **Fruits confits glacés et pâtes de fruits.**

Vol. VIII. — **Fruits et légumes de garde** (Conservation à l'état frais.)

Vol. IX. — **Séchage des fruits et des légumes** (Pruneaux fruits secs, légumes, etc.).

○ ○ ○

INTRODUCTION

Je ne saurais trop insister sur les qualités des Conserves de Fruits préparées à la Maison.

1° Elles sont très économiques*; leur prix de revient est, en effet, sensiblement égal à celui des Légumes, alors qu'en général, les bonnes marques de Conserves de Fruits de choix sont d'un prix élevé.*

2° Elles sont très hygiéniques *et* nutritives; *par cela même, précieuses pour l'alimentation complémentaire des malades, des enfants, des vieillards et à plus forte raison des personnes bien portantes.*

Détruisez donc cette légende, accréditée sans raison, que les Conserves reviennent plus cher à préparer que celles que vous achèteriez. Et, au lieu de laisser perdre les fruits saisonniers qui ne sont point de garde, comme les : Cerises, Pêches, Prunes, Poires d'Été et d'arrière-saison, etc., transformez-les en excellentes Conserves. Profitez, dans le même but, des grands arrivages de fruits exotiques que vous aimez, pour leur faire subir la même transformation. Bondez vos armoires à provisions de ces Conserves et vous aurez, pour les jours d'Hiver, des Desserts, des Entremets exquis dont vous apprécierez la valeur et dont se réjouiront tous les vôtres.

Vendez-vous habituellement une partie de votre récolte, ne cédez pas les fruits frais à vil prix lorsque, par les années d'abondance, les marchés en regorgent. Préparez-en également des Conserves en quantité dont vous pouvez assurer le placement dans les hôtels ou à une clientèle directe, que vous vous créerez par relation, et, surtout, par une publicité intelligente, faite dans les périodiques pénétrant dans les familles.

Ce Manuel a précisément pour but de vous initier à ces préparations, si elles ne vous sont pas familières, et à compléter vos connaissances, si vous avez l'habitude de faire des Conserves.

Dans les cinq premiers chapitres, je vous indique comment : choisir les fruits, les conditionner, préparer les sirops de sucre et de fruits; vous servir du matériel très approprié à cette besogne, qu'il simplifie; puis comment conduire la cuisson et assurer la parfaite conservation, pour plusieurs années, de toutes les Conserves de fruits.

Dans la seconde partie (*Chap.* VI *à* XXIII) *de beaucoup la plus importante, je vous donne un choix des meilleures recettes pour chaque sorte de fruits, recettes dont je suis sûre, pour les mettre annuellement en pratique. Au lieu de me tenir à des généralités, j'ai appliqué la même méthode que dans les deux précédents volumes de cet ouvrage, en vous précisant minutieusement les détails et en vous indiquant les tours de main qu'il faut connaître. Beaucoup d'explications peuvent paraître inutiles aux initiées; mais les débutantes reconnaîtront que ces précisions et ces explications détaillées ne sont pas superflues.*

Mon plus vif désir, Madame, est que ce Manuel vous rende tous les services que vous êtes en droit d'en attendre.

Juin 1913.

Renée RAYMOND.

LES
CONSERVES A LA MAISON

CHAPITRE I

FAITES DES CONSERVES DE FRUITS

I. Il est avantageux de conserver les fruits. || II. Procédé a la portée de tous. || III. Grande variété de préparations. || IV. Les fruits a conserver. || V. Le matériel nécessaire. || VI. Préparations au sirop et a l'eau. || VII. Préparations au sirop concentré avec ou sans alcool. || VIII. Préparations au sirop additionné de jus de fruits.

Les fruits d'Été et d'Automne, conservés au sirop, fournissent pour l'hiver des desserts exquis et très appréciés. N'accordez pas trop de crédit, Madame, aux difficultés que l'on se plaît à tort à vous souligner ; considérez ces Conserves comme des sortes de confitures, plus fines, plus délicates, que vous préparerez avec les mêmes succès et qui ont, sur les confitures ménagères courantes, l'avantage très appréciable de garder le goût et souvent la forme des fruits frais.

Avant de vous exposer les meilleures recettes pour chaque catégorie de fruits, et de vous décrire les détails de préparation de chacune d'elles, il est indispensable que vous connaissiez les méthodes différentes et les soins qui s'appliquent, avec quelques variantes, à toutes les sortes de fruits d'Été et d'Automne.

Trois manières de conserver les fruits entiers ou fractionnés sont à votre disposition : 1° *par le procédé Appert; 2° à l'alcool bon goût; 3° par les vapeurs soufrées.* Chacune d'elles n'en comporte pas moins l'addition d'un sirop de sucre titrant de 18 à 32 degrés, selon les goûts et les usages auxquels on destine les Conserves, ce que je préciserai d'ailleurs en vous donnant les recettes particulières; mais c'est encore le procédé Appert que je vous recommande plus particulièrement.

I. — IL EST AVANTAGEUX DE CONSERVER LES FRUITS.

Les Conserves de fruits sont, parmi les préparations, les plus intéressantes et les plus avantageuses que vous puissiez faire avec les produits du jardin, et cela pour deux raisons : 1° elles constituent d'abord des éléments d'entremets et de desserts savoureux et exquis parmi les plus hygiéniques qui soient, à la fois, nutritifs, rafraîchissants et sains; 2° en raison, dans la majorité des cas, de la grande différence entre le prix de revient et celui que l'on paie les bonnes marques industrielles de qualité égale.

Ce sont donc les Conserves de fruits que l'on prépare et que l'on est appelé à préparer le plus largement à la Campagne comme à la Ville. Il est d'ailleurs de bonne administration de constituer des réserves de fruits pendant les saisons de production. Par contre, il n'est point de produits saisonniers aussi rapidement périssables que les fruits d'été notamment : Fraises, Framboises, Cerises, Prunes, Abricots, Pêches, etc. ; donc, si vous possédez un Verger, un Jardin fruitier ou simplement un Potagerfruitier, il est rare que vous n'ayez pas d'excédents de récolte; la préparation en Conserve est la meilleure et la plus profitable utilisation que vous puissiez faire de ceux-ci.

En effet, la période de production des différentes variétés de fruits est en somme très limitée et généralement les Vergers organisés donnent, en saison, des récoltes si abondantes que la consommation journalière de fruits est insuffisante, même dans les familles nombreuses, pour les absorber tous. Comme à cette grande période d'abondance qui commence avec les Fraises et les Cerises, en Mai-Juin, pour se continuer à l'arrière-saison avec les fruits de garde : Poires et Pommes, succède une grande période pendant laquelle ceux-ci, ou tout au moins la variété fait défaut; il y a grand intérêt à conserver principalement les variétés qui ne sont pas de garde. En un mot, plus les sortes de fruits sont éphémères, plus il y a intérêt à en constituer des Conserves pendant la période de production.

Vous pouvez également faire d'amples provisions si vous avez peu ou pas de fruits au jardin. Profitez pour cela de la pleine saison, alors que les fruits sont en abondance sur les marchés, et vendus à des prix avantageux. Même dans ces conditions, le prix de revient des Conserves s'établit au-dessous de celui que vous devriez payer pour vous assurer de bonnes marques du commerce.

II. — PROCÉDÉ A LA PORTÉE DE TOUS.

Le principe de la fabrication des Conserves ménagères de fruits est absolument le même que celui des Conserves de légumes[1].

1. *Les Conserves à la Maison,* Vol. I de cet ouvrage, Chap. 1, paragraphe VI.

Dans son ensemble, leur préparation consiste à placer les produits mouillés de sirop de sucre dans des flacons clos (en verre de préférence), et à les soumettre ensuite à une température de 100 degrés pendant un temps déterminé, variant avec la nature de chacun d'eux, afin d'anéantir tout germe de fermentation. Ce moyen, simple, à la portée de tous, vous permet, Madame, de conserver à volonté les fruits les plus fragiles dans leur forme naturelle, avec leur goût et toutes les substances dont ils sont formés.

Deux conditions principales sont à observer, conditions avec lesquelles vous êtes familiarisée, puisque vous les avez lues dans le Volume I déjà signalé. Elles ont trait :

1° Au choix du genre de récipient ou du système de bouchage qu'il convient d'adopter.

2° Au temps de stérilisation pour les bocaux à fermeture hermétique, et au degré de température pour la désoxygénation, si vous utilisez les flacons du bouchage pneumatique. Mais vous en connaissez déjà la solution, à laquelle vous pouvez d'ailleurs facilement vous reporter (Vol. I, Chap. III, IV, VIII.)

III. — GRANDE VARIÉTÉ DE PRÉPARATIONS.

Les fruits se prêtent à quantité de préparations du domaine de l'Économie domestique : sirops, gelées, pâtes, confitures, marmelades, fruits entiers ou fractionnés conservés.

Ces derniers sont traités par le procédé Appert : 1° à l'eau, dits « fruits au naturel » ; 2° au sirop de sucre, dits « fruits au sirop » ; 3° au sirop fait avec du jus de fruits. Vous pouvez aussi conserver les fruits sans stérilisation ; ce sont les fruits au sirop concentré rehaussé ou non d'alcool ou d'eau-de-vie, de kirsch. Enfin, un autre procédé plus industriel que ménager — mais qui a tendance à devenir ménager — est la dessiccation. Vous savez qu'il s'applique largement aux Prunes dont on fait les Pruneaux, aux Raisins, aux Figues, aux Cerises, aux Pommes et aux Poires, etc., etc.

Les Conserves par stérilisation (Procédé Appert) constituent des provisions de fonds qui se gardent indéfiniment sans altération.

Ce sont donc, pour les fruits, aux Conserves faites au sirop léger, concentré, avec addition de jus de fruits ou d'alcool, que nous accordons la première place, parce qu'elles permettent de conserver aux fruits entiers ou fractionnés leur parfum et souvent leur forme ; mais nous nous réservons de traiter les sujets ci-dessus exposés (Fruits à l'alcool, dessiccation des fruits, etc.) dans d'autres volumes.

La préparation des Conserves n'est nullement difficile et je suis persuadée, Madame, que même non initiée vous réussirez si vous suivez les conseils qui vont vous être donnés dans cet ouvrage.

Bien que vous puissiez en charger votre cuisinière, il est préférable que vous vous réserviez la préparation entière des Conserves ; ou que, tout au moins, vous en surveilliez les phases les plus délicates : *Choix des fruits, mise en flacons, bouchage*, et la *stérilisation*. Que vous y procédiez vous-même ou que vous en chargiez votre personnel, j'estime qu'il n'en faut pas conduire la préparation simultanément avec celle des travaux de cuisine, en raison de l'attention soutenue qu'il convient d'y apporter.

En général, les préparations au sirop sont constituées avec des fruits entiers ou fractionnés, cuits dans un sirop de sucre titrant de 25 à 32 degrés suivant l'espèce de fruits conservée, ou le goût de la personne qui exécute ces préparations. Parfois, le sirop de sucre est fait avec le jus même des fruits écrasés ou préalablement bouillis; dans ce cas, il remplace l'eau et les préparations sont beaucoup plus savoureuses.

Les fruits préparés ainsi se gardent dans des récipients en verre à fermetures spéciales, à l'abri de tous germes microbiens et par conséquent de la fermentation ; stérilisés, ils s'y conservent indéfiniment et ne perdent aucune de leurs qualités.

Sans recourir à l'ébullition, vous pouvez également, ainsi que nous vous l'avons déjà signalé ci-dessus, conserver les fruits dans les meilleures conditions en assurant le bouchage hermétique des flacons par l'action de la chaleur, immédiatement après le remplissage de fruits et de sirop bouillants.

IV. — LES FRUITS A CONSERVER.

Il est possible de conserver toutes sortes de fruits par la Méthode Appert, en employant les systèmes de bouchage sûrs et pratiques maintenant à votre disposition. La majorité des fruits du verger s'y prêtent; et il vous est facile d'en augmenter la variété en utilisant aussi les fruits d'exportation : les Bananes et les Ananas principalement.

Faites par conséquent, au fur et à mesure de la maturité des fruits, des Conserves de : Fraises, Cerises, Groseilles, Framboises, Abricots, Mirabelles, Prunes Reines-Claude, Pêches, Poires, Pommes, Figues, Nèfles. A ces fruits conservés par sorte séparée, vous avez la faculté d'ajouter d'exquises préparations en mélanges ; ce sont les Macédoines : Macédoines d'Été composées de Fraises, de Framboises, de Cerises et de Groseilles ; Macédoines d'arrière-saison composées de Prunes Reines-Claude, Poires, Pêches, Mirabelles.

Je vous recommande tout particulièrement les Cerises, les Abricots, les Prunes Reines-Claude, les Pêches, les Mirabelles, les Poires, parce que ces fruits sont les plus savoureux et se déforment moins. Les Fraises, les Framboises sont également fines, aussi fines que les premières ; mais elles gardent difficilement leur couleur, dont se teinte le sirop, et elles se déforment au cours de la cuisson en s'aplatissant et en se serrant les unes contre les autres, dans la partie supérieure du flacon, si l'ébullition est prolongée et irrégulièrement conduite.

Servez de préférence les Conserves de Poires et de Pommes dans la période s'étendant de la fin de l'hiver (époque où les provisions de ces deux sortes de fruits, mis à l'état frais, en réserve, au fruitier, s'épuisent) aux premières cueillettes de Fraises et de Cerises.

V. — LE MATÉRIEL NÉCESSAIRE.

Je ne vous donne pas de nouveau la description du matériel qu'il vous faut prévoir pour la préparation des Conserves : flacons, systèmes de Bouchage, marmite-autoclave, bouilleur, ustensiles divers ; je vous renvoie pour cela aux chapitres III, IV, V du Volume I de cet ouvrage. Vous trouverez dans ces chapitres tous les renseignements susceptibles de vous guider ; d'abord le choix de ce matériel, puis son emploi.

Je vous rappelle simplement que vous avez à votre disposition des flacons en verre et des boîtes métalliques ; je préfère nettement les flacons en verre. J'estime, en outre, qu'il n'y a pas d'intérêt dans les ménages à utiliser les flacons d'une contenance supérieure à un litre, à moins d'être nombreux. Il est, en effet, préférable de consommer les produits en une seule fois. Vous êtes le meilleur juge de l'opportunité d'employer également les demi-litres et les quarts de litre, si vous estimez que, pour votre cas personnel, le contenu d'un litre est trop important. Ces dimensions peuvent aussi être avantageusement utilisées pour conserver séparées les sortes de fruits destinées à constituer des Macédoines au moment de les consommer.

Préférez les flacons de forme « cylindrique » plutôt que les formes plus « fantaisie », bouteilles et bocaux à col étroit qui semblent plus spécialement indiqués et réservés aux industriels qui visent la « présentation » tentant l'acheteur.

Pour des raisons d'économie, vous pouvez également utiliser les bouteilles pour la préparation des petits fruits, encore que je ne les considère pas comme absolument économiques. Elles vous obligent à passer plus de temps pour introduire les fruits et les sortir, en raison de l'étroitesse du goulot. N'oubliez pas, dans le cas d'utilisation de ces bouteilles, qu'il importe de les boucher, de les ficeler et de les cacheter soigneusement après la stérilisation.

Je ne vous énumérerai pas non plus en détail le matériel supplémentaire indiqué dans le Volume I de cet ouvrage, Chap. v, § 4. Il est cependant indispensable de lui ajouter, pour la préparation des fruits : une bassine en cuivre non étamée (bassine à confiture), destinée à confectionner le sirop de sucre, au blanchiment et à la demi-cuisson des fruits préparés sans stérilisation ; une écumoire également en cuivre, une louche en émail ou en argent, un ou plusieurs tamis en crin, un entonnoir en verre, des filtres en papier ou en flanelle destinés à la clarification des sirops.

Pour la conservation des fruits, vous pouvez avoir intérêt, si vous en préparez beaucoup, à remplacer le bouilleur par l'autoclave. Cet appareil permet, en effet, d'obtenir des températures plus élevées et, par cela même, de réduire le temps de cuisson, de deux à quinze minutes, tout en assurant une stérilisation plus complète des produits.

VI. — PRÉPARATIONS AU SIROP ET A L'EAU.

Ces Conserves au sirop de sucre sont les plus couramment exécutées dans les ménages, en raison de la sécurité absolue qu'elles offrent lorsque la préparation des fruits est bien faite et la stérilisation conduite méthodiquement.

Le sirop de sucre ne doit pas titrer le même degré pour tous les fruits ; prévoyez-le plus fort pour les fruits aqueux tels que les Fraises et les Cerises (et en général pour tous les fruits fragiles nécessitant un temps d'ébullition relativement court) que pour les fruits mûrs à point, fondants et sucrés comme les Poires, les Reines-Claude, par exemple.

Prenez le sirop à 28° comme base de celui utilisé pour les Conserves de fruits. Je vous donnerai, du reste, à chaque préparation, le degré que doit posséder le sirop.

Préparez les fruits conservés à l'eau de la même façon que les fruits au sirop. Cette manière de faire est surtout spéciale aux industriels qui apprêtent ainsi, au naturel, les fruits destinés aux pâtisseries [1].

1. *Vie à la Campagne* : Conservez des fruits entiers au naturel Vol. XI page 378.

Ces Conserves « sont surtout demandées par les fabricants de Confitures, les pâtissiers et les confiseurs, pour la plupart de leurs préparations ; le fruit seul étant employé, l'eau dans laquelle il baigne est jetée. Les industriels hésitent donc à sacrifier du sucre pour ce liquide inutile, d'autant plus que les avantages réalisés seraient insuffisamment compensés par l'augmentation des prix. »

Je ne vous conseille pas ces préparations parce que l'eau atténue le parfum des fruits et leur donne un goût fade ; il est du reste facile de contrôler ce fait sur des Conserves sucrées insuffisamment, les Fraises, les Cerises, les Prunes Reines-Claude, par exemple, perdent de leur saveur ; à plus forte raison lorsqu'elles n'ont eu aucun ajouté de sucre.

Pourtant, si vous prévoyez utiliser des Conserves de fruits pour la pâtisserie, je vous engage à en préparer quelques flacons avec du sirop titrant 18 à 20 degrés.

VII. — PRÉPARATIONS AU SIROP CONCENTRÉ AVEC OU SANS ALCOOL.

Vous n'obtiendrez pas de résultats moins bons, en conservant les fruits sans stérilisation en utilisant une marque de bouchage hermétique. Ces préparations comportent ordinairement un ajouté d'alcool, avant le bouchage définitif dont le rôle est purement antiseptique ; mais il est également possible de conserver les fruits sans cet ajouté. Ne confondez pas toutefois cette variété de Conserve au sirop avec les préparations de fruits à l'alcool (eau-de-vie, kirsch, etc.), dont la destination n'est pas la même.

Dans le cas présent, les fruits pour la préparation desquels il est fait un ajouté d'alcool au sirop, sont plus fermes et acquièrent une saveur particulière. Traitez-les toutefois un peu différemment de ceux préparés au sirop.

Tandis que pour les fruits conservés au sirop de sucre ou au jus de fruits, vous ne donnez ni blanchiment, ni cuisson préalable dans le sirop, voici la succession des opérations nécessaires pour les fruits préparés au sirop concentré ou les fruits au sirop additionné d'alcool conservés sans stérilisation : préparez les fruits en quantité suffisante pour deux bocaux; cuisez-les une dizaine de minutes dans un sirop concentré. A ce point, levez les fruits, mettez-les en bocaux, tout en laissant le sirop dans la bassine sur le feu. Ajoutez facultativement de l'alcool à ce sirop (à raison de deux verres à bordeaux pour un litre). Faites-le de nouveau bouillir pendant sept à huit minutes pour en augmenter la densité ; versez alors ce sirop bouillant sur les fruits et remplissez le premier bocal jusqu'à un centimètre des bords, puis bouchez prestement. Opérez de même pour le second et recommencez ces deux opérations pour les autres. Je vous indique d'ailleurs à leurs chapitres respectifs comment traiter les Figues et les Prunes Reines-Claude par ce procédé.

VIII. — PRÉPARATIONS AU SIROP ADDITIONNÉ DE JUS DE FRUITS.

Les Conserves de fruits sont encore plus délicates et plus savoureuses, si vous remplacez le simple sirop de sucre, par du sirop de fruits fait :

1° En extrayant le jus de ceux-ci à la main, au pilon, et en ajoutant du sucre après sa filtration pour les fruits juteux.

2° En ébullitionnant quelques minutes les fruits charnus dans un sirop de sucre préalablement fait.

Ne vous dissimulez pas, toutefois, que la préparation des Conserves au sirop de jus de fruits est plus longue que celle au sirop de sucre. Il vous faut, en effet : d'abord exprimer le jus des fruits ; ensuite, laisser reposer et légèrement fermenter ce jus extrait par pression ; puis, filtrer aussi bien le jus ainsi exprimé que celui constitué par une ébullition dans le sirop de sucre. Mais vos Conserves bénéficient alors largement de l'élément parfumé que le sirop de fruits ajoute, en renforçant le parfum et en accentuant le goût exquis des fruits. Ce sont surtout les fruits rouges : Groseilles, Fraises, Framboises, Cerises, qui bénéficient le plus de ce perfectionnement, et c'est pour eux que je vous le recommande plus particulièrement.

Vous pouvez garder le sirop de jus de fruits comme le sirop de sucre simple, d'autant mieux que sa densité est plus élevée. Un sirop trop faible et peu cuit moisit rapidement s'il n'est pas soumis à la stérilisation. Je vous conseille donc d'en préparer quelques flacons à l'avance, et de les stériliser immédiatement dans le bouilleur ou l'autoclave ; vous avez alors la faculté de les employer lorsqu'ils vous sont nécessaires.

CHAPITRE II

CHOIX ET CUEILLETTE DES FRUITS

I. Observations qu'il ne faut pas négliger. || II. Préparez le panier pour recevoir les fruits. || III. Choisissez les fruits et cueillez-les. || IV. Si vous devez acheter les fruits. || V. Si vous devez vous faire expédier les fruits.

Que recherchez-vous dans une préparation de fruits? Flatter la vue et laisser aux fruits toute leur saveur qu'ils perdent généralement très vite, dès que la fermentation les touche. Vous réussirez certainement en tenant compte des observations consignées dans les paragraphes suivants.

I. — OBSERVATIONS QU'IL NE FAUT PAS NÉGLIGER.

Je ne saurais trop vous mettre en garde, Madame, contre le manque de fraîcheur des fruits qui est, en somme, l'état voisin de la fermentation.

Par les grandes chaleurs les fruits « passent » vite et s'altèrent, ce serait aller au devant d'un échec que de vouloir risquer leur conservation dans ces conditions. En effet, tout produit passé est avarié; ce n'est donc pas la stérilisation en vase clos qui peut modifier sa nature; et les Conserves préparées dans ces conditions, même si elles ne fermentent pas par la suite, sont forcément de qualité inférieure. Voici du reste quelques observations dont vous pourrez tirer profit :

Prenez de beaux fruits parmi les meilleures variétés, choisissez-les mûrs à point et de taille moyenne de préférence.

Préparez-les dès la cueillette.

Piquez les gros jusqu'au noyau avec une longue aiguille, afin d'empêcher leur éclatement.

Employez de préférence un couteau à lame d'argent pour les peler.

Blanchissez avec attention les plus gros, surtout ceux à noyau.

La couleur des fruits colorés s'altère au contact du fer, blanchissez-les dans des récipients en cuivre. Rafraîchissez-les à l'eau froide pour raffermir les tissus.

Égouttez sur un tamis en crin ou une serviette, n'utilisez jamais de tamis en osier qui marquent les fruits.

Ne serrez pas les fruits dans le flacon, ils s'écraseraient au couvercle au moment de l'ébullition.

La cuisson trop prolongée désagrège les fruits ; celle trop courte est souvent insuffisante. Prenez donc comme base celle que je vous indique.

Sucrez et cuisez davantage les fruits, principalement lors des étés pluvieux ou froids.

Conduisez, sans interruption d'une minute, la cuisson à feu brillant. N'oubliez pas d'étiquetter chaque flacon et de mentionner le nom du fruit, la nature du liquide — eau, sirop faible ou concentré — et la date de fabrication.

II. — PRÉPAREZ LE PANIER POUR RECEVOIR LES FRUITS.

Ne conservez que des fruits de bonnes variétés à chair sucrée, de première fraîcheur, indemnes de toute tare, cette condition prime tout. Avant la cueillette, préoccupez-vous du panier dans lequel vous devez déposer les fruits au fur et à mesure que vous les détachez. Il est, en effet, indispensable pour garder à chacun l'épiderme intact, de ne pas les projeter sur le sol; ne les déposez pas non plus, sur une toile, car ils se froisseraient pendant le transport le plus court.

Évitez le transvasement des fruits aussitôt la cueillette; Fraises et Cerises, aussi bien que les Groseilles, les Pêches ou les Abricots, doivent rester dans le panier jusqu'au moment où ils sont préparés en Conserves. Dans ces conditions, cueillez donc directement dans les paniers et employez de préférence les petits en osier; garnissez préalablement le fond et les parois d'une sorte de matelas de feuilles vertes : feuilles de Vigne, de Chou, etc., ou d'un capitonnage de foin coupé pour les Abricots et les Prunes Reines-Claude, d'ouate pour les Pêches.

Les paniers plats d'emballage en Canne de Provence ayant contenu des fleurs de Nice — auxquels vous enlevez le couvercle — peuvent justement remplir l'office de claies et sont infiniment pratiques, ainsi que les petites clayettes ajourées parce qu'ils permettent seulement la superposition d'une faible épaisseur de fruits. Ils sont d'autant plus précieux qu'à l'époque des grandes chaleurs la maturité s'accentue rapidement, les fruits peu serrés dans un panier ou sur une claie s'aèrent mieux et s'abîment moins; alors que pressés ou serrés ils s'échauffent.

A défaut de l'un ou de l'autre, servez-vous des autres formes de paniers que vous pouvez posséder et même des caisses plates. L'important, je le répète, est de ne pas entasser les fruits en en superposant trop d'épaisseurs; de capitonner le fond et les parois, et surtout de ne les point transvaser.

III. — CHOISISSEZ LES FRUITS ET CUEILLEZ-LES.

Effectuez le matin de préférence la cueillette des fruits destinés à être préparés dans la journée, alors qu'ils ont bénéficié des bienfaisants effets de la rosée. Prenez, autant que possible, des fruits d'égale grosseur absolument propres pour éviter le lavage qui nuit toujours aux fruits parfumés : Fraises et Framboises. Choisissez les fruits mûrs à point, mais pas avancés, car il les faut aussi fermes que possible, pour qu'ils ne soient pas réduits en marmelade après la cuisson, surtout lorsqu'ils sont destinés à être préparés en quartiers et sous forme de Macédoine; un peu avant la maturité complète, lorsqu'ils doivent être conservés entiers, afin qu'au blanchiment et à la cuisson ils se gardent intacts. Trop verts, ils sont très acides et sans parfum.

Règle générale, les petits fruits doivent avoir atteint leur maturité parfaite. L'excès de maturité chez les Prunes Reines-Claude, les Mirabelles, les Pêches, les Poires donne de mauvais résultats, notamment pour les Prùnes Reines-Claude dont la peau éclate.

Éliminez les fruits crevassés, piqués, difformes, ou simplement froissés. Accordez la préférence aux plus parfaits de couleur et de forme; les fruits de grosseur moyenne (Abricots, Prunes, etc.) valent mieux, ainsi que les énormes spécimens qui laissent beaucoup trop de vide entre eux et sont moins profitables lorsqu'on les sert.

Cueillez par temps sec autant que possible. Rappelez-vous que les fruits mûris au cours d'une période ensoleillée, sans pluie pendant quelques jours, sont plus savoureux et plus sucrés que les autres, par conséquent de meilleure garde. Cela est d'autant plus à observer que l'Été est plutôt pluvieux ou froid. Maintenant que vous savez dans quelles conditions générales il faut cueillir, je vous donnerai quelques indications pour « bien cueillir » les fruits, et vous dirai les précautions à prendre pour les conserver intacts jusqu'au moment de la préparation.

1° Cueillez d'abord avec le plus grand soin et délicatement, chaque fruit, touchez-le le moins possible et ne le manipulez pas trop après ; pensez que la pruine des fruits constitue leur « cachet de garantie ».

Pour les Fraises, les Framboises, les Cerises, les Groseilles, ces indications sont moins absolues, parce que ces fruits ayant tous un pédoncule relativement long, il est possible de les toucher sans dommage. Pincez celui-ci avec les ongles du pouce et de l'index pour le séparer de la plante.

Pour détacher les gros fruits de l'arbre : Abricots, Pêches, Prunes Reines-Claude, sans les détériorer, placez la paume de la main sous la face inférieure du fruit de façon qu'il repose dedans comme sur une coupe. Dirigez les deux premiers doigts vers le pédoncule et opérez avec la main une petite poussée de bas en haut; le fruit mûr à point se détache de lui-même sans résistance. Vous pouvez encore tourner chaque fruit légèrement, de droite à gauche, pour détacher celui-ci sans déchirer la chair à sa naissance.

Posez et pressez le moins possible les doigts sur la face, car ils la flétrissent en s'incrustant dedans. Lorsque les fruits sont complètement mûrs, les pédoncules se détachent facilement au moment de la cueillette ; au contraire, si vous constatez quelque résistance, ne forcez pas, les fruits ne sont pas mûrs à point.

Placez les fruits doucement dans les paniers, et au fur et à mesure du remplissage, couvrez-les de feuillage pour les abriter du soleil et portez-les à l'ombre en attendant la fin de la cueillette. Mettez ensuite ces paniers à la cave pour que les fruits se rafraîchissent et préparez-les le plus tôt possible.

IV. — SI VOUS DEVEZ ACHETER LES FRUITS.

Si vous achetez les fruits, recherchez le brillant des fruits colorés, la pruine des mats et leur turgescence. Le pédoncule d'un fruit frais n'est jamais fané ; s'il est ligneux il ne doit pas être ridé ou desséché, de même qu'un fruit de teinte terreuse à peau plissée n'est pas qualifié pour être mis en Conserve.

Il est une qualité qui peut encore vous aider dans votre choix : le parfum. Celui-ci doit être très fin, frais et léger, une odeur forte et un peu lourde indique un fruit trop mûr ; du reste, les fruits mûrs dans la masse, si vous y introduisez la main, laissent après les doigts un enduit poisseux de sucre et d'humidité ; ne les prenez pas dans ces conditions.

Avec un peu d'attention vous aurez vite fait de distinguer les fruits frais de ceux qui le sont moins ou pas du tout.

V. — SI VOUS DEVEZ VOUS FAIRE EXPÉDIER LES FRUITS.

Il est toujours un peu hasardeux de se faire expédier des fruits de très loin par chemin de fer. Je pense qu'il est souvent préférable, tout au moins pour les Fraises et les Framboises, de s'abstenir ; à moins qu'il s'agisse de variétés à chair très consistante et résistante, qualité que possèdent quelques variétés de Fraises.

Comptez, en effet, avec une foule d'impedimenta : d'abord la fragilité des Fraises et des Framboises, les défectuosités possibles de l'emballage, les conditions atmosphériques, et le retard dans la livraison. Bien que les autres fruits offrent plus de résistance, n'oubliez pas que les Cerises par temps d'orage arrivent tournées; que les Pêches se froissent facilement si chacune d'elles n'est pas immobilisée et séparée de sa voisine. Les Abricots, les Pommes, les Poires sont moins fragiles.

Par conséquent, si vous vous faites expédier des fruits des lieux de production ou de votre propriété, faites-les cueillir dans les conditions indiquées ci-dessus, un jour ou deux avant leur maturité complète. S'il fait chaud, mettez-les refroidir à la cave ou dans un endroit frais. Recommandez que l'emballage soit fait soigneusement en écartant les fruits avancés et gâtés, et surtout en interposant contre les parois de l'emballage et les fruits, ainsi qu'entre les fruits eux-mêmes (surtout les gros fruits comme les Pêches, Abricots, etc., — cela n'est pas nécessaire ni pratique pour les Fraises, Framboises, Cerises), une sorte de capitonnage assez élastique et souple pour ne pas les écraser, et assez résistant pour les protéger des manipulations brusques et des heurts.

CHAPITRE III

PRÉPARATION DES FRUITS

I. Toilette et apprêt des fruits. || II. Piquez les gros fruits. || III. Le blanchiment des fruits. || IV. Faites égoutter et ressuyer les fruits. || V. Pour bien peler les fruits délicats.

Les Conserves de petits fruits rouges sont les plus simples et demandent un temps d'apprêt beaucoup moins long que celles de gros fruits. Il suffit, pour les petits fruits, après le triage, de les nettoyer, de les laver, de les égoutter et de les mettre en flacons. Pour les gros fruits, les opérations suivantes sont nécessaires : nettoyage et épluchage ; pour quelques-uns d'entre eux, fractionnement, enlèvement du noyau ou des pépins, lorsqu'ils ne sont pas conservés entiers, mise en flacons.

Sachez qu'en principe le fruit à baie est conservé en entier. En raison même de sa constitution, c'est aussi le plus fragile. Le fruit à noyau, plus ferme et résistant, est gardé entier le plus souvent ; le fruit à pépins, volumineux et charnu, ne se conserve pas entier, à moins qu'il soit de petite taille.

I. — TOILETTE ET APPRÊT DES FRUITS.

Malgré tous les soins apportés à la cueillette, un nouveau triage doit précéder la préparation, au cours duquel les fruits abîmés, froissés ou piqués, sont mis de côté pour être utilisés en compote. A plus forte raison devez-vous procéder à ce triage lorsque ce sont des fruits achetés.

Donnez ensuite aux fruits employés les soins que comportent ces différentes sortes. Il n'est toutefois pas question de l'épluchage des Pommes ou des Poires, de l'enlèvement des pédoncules et des noyaux des autres; toutes ces manipulations sont consignées en détail à leur place.

Abricots : Conservez les Abricots entiers ou fractionnés. Dans le premier cas, essuyez l'épiderme, piquez-le avec une aiguille, blanchissez et mettez au sirop. Mettez les fruits fractionnés directement en flacons sans les blanchir et couvrez de sirop.

Ananas : Pelez la chair à vif, sectionnez en minces rondelles que vous fractionnez en deux ou trois morceaux; au fur et à mesure que vous les obtenez, mettez-les macérer dans du sirop de sucre.

Bananes : Enlevez l'épiderme en lanières et dégagez la gousse charnue. Mettez en flacons sans lavage ni blanchiment.

Cerises : Raccourcissez ou supprimez le pédoncule des Cerises si vous conservez les Cerises entières; enlevez le noyau si vous destinez ces fruits à la confection et aux garnitures de pâtisseries.

Figues : Essuyez les fruits et piquez-les. Rafraîchissez le pédoncule, blanchissez à l'eau bouillante avant la mise en flacons.

Fraises et Framboises : Enlevez le pédoncule et le calice du fruit; conservez au sirop sans blanchiment préalable ni lavage autant que possible.

Groseilles : Egrappez-les avec une fourchette pour ne pas endommager les grains; mettez en flacons comme les Fraises et les Framboises.

Mirabelles : Mêmes observations que ci-dessus ; mais vous pouvez encore préparer les Mirabelles en enlevant leur épiderme.

Pêches : Les Pêches peuvent être conservées entières, dénoyautées ou pelées. Brossez-les préalablement avec le plus grand soin pour enlever le duvet dont l'épiderme est recouvert, piquez-les comme les Abricots et les Prunes Reines-Claude et plongez-les dans l'eau froide. Si vous les pelez, rappelez-vous qu'il n'y a qu'une condition naturelle qui facilite l'enlèvement de l'épiderme : la maturité. Quand les fruits ne sont pas tout à fait à point, ébouillantez-les quelques minutes à l'eau bouillante, et aussitôt après l'épluchage, mettez-les dans le sirop de sucre pour éviter qu'ils noircissent.

Poires : Pelez les Poires, fractionnez les grosses par moitié ou en quartiers, laissez les petites entières. Mettez macérer dans le sirop de sucre en attendant la mise en flacons.

Pommes : Pelez les fruits en tournant et enlevez l'œil, les pépins et le cœur si vous les fractionnez. Blanchissez-les si au contraire vous conservez ces fruits entiers.

Prunes Reines-Claude : Réduisez de moitié ou enlevez complètement les queues des Prunes Reines-Claude et celles des grosses Prunes, mais, à part les Quetsches dont vous devez, par prudence, visiter l'intérieur souvent véreux, les Prunes Reines-Claude ne sont ni dénoyautées, ni pelées. Piquez ces fruits comme les Abricots et conservez-les de la même façon.

Préparez par prudence environ un huitième de fruits en plus que le nombre nécessaire pour le remplissage des flacons, ceci pour parer à toute éventualité lors du blanchiment, et aussi parce que cette opération en diminue le volume.

Je vous conseille également de ne pas mener de front la préparation de deux sortes de Conserves de fruits. Procédez-y successivement jusqu'à leur mise en flacons, pour éviter les petites erreurs de manipulation, toujours possibles.

II. — PIQUEZ LES GROS FRUITS.

Avant de procéder au blanchiment des gros fruits à noyau, piquez-les afin d'éviter l'éclatement. Munissez-vous pour cela d'une longue aiguille, l'argent est préférable à l'acier ; mais, à défaut, celui-ci est utilisable. Piquez seulement les fruits entiers que vous blanchissez : Prunes, Abricots, Pêches de huit à dix piqûres réparties sur toute la surface et près du pédoncule en particulier. Vous serez peut-être tentée, Madame, pour aller plus vite, d'utiliser le petit dispositif préconisé pour piquer les Tomates (Vol. II de cet ouvrage, Chap. XIX, § 4), un bouchon muni d'aiguilles qui, d'un seul coup, perfore plusieurs fois le fruit. Malgré l'économie de temps qu'il fait réaliser, je ne vous le conseille pas, parce qu'il est dangereux ; les piqûres sont mal distribuées ou réparties, et trop multipliées dans un petit rayon. De ce fait, au lieu d'aider le fruit à conserver sa forme, elles contribuent souvent à le déformer et à le faire éclater. Gardez donc l'ancienne et vieille manière : la simple et longue aiguille d'acier qui pique à votre gré, et que vous dirigez à tel point qui vous plaît.

III. — LE BLANCHIMENT DES FRUITS.

Les fruits étant triés, piqués et les pédoncules raccourcis ou supprimés selon les cas, procédez au blanchiment, dont le but principal est d'enlever l'acidité, surtout lorsqu'ils ne sont pas complètement mûrs.

D'une façon générale, blanchissez les gros fruits que vous désirez conserver entiers. Cette opération n'est pas nécessaire pour les petits fruits tels les Mirabelles et les Cerises; elle est même nuisible aux Fraises, aux Framboises et aux Groseilles; n'y recourez pas davantage pour les fruits fractionnés, et ceux à chair molle et pâteuse comme les Poires et les Pommes.

Par la combinaison du blanchiment, les fruits aqueux et acides deviennent plus agréables. Cependant, ne faites pas un principe de cette observation, car ce n'est qu'exceptionnellement que vous pouvez utiliser en Conserve les fruits imparfaitement mûrs. Préférez-les toutefois un peu fermes, car ils se comportent mieux et leur épiderme est moins délicat.

Le blanchiment consiste à immerger les fruits dans l'eau d'une bassine en cuivre non étamée, portée au point d'ébullition dans le but d'enlever à ceux-ci une partie de leur acidité. La difficulté du blanchiment consiste à laisser leur épiderme intact, ce à quoi vous arriverez cependant avez quelque attention. Les fruits blanchis sont incontestablement plus savoureux une fois conservés; le blanchiment est donc très utile, sans être indispensable et, personnellement, j'y ai très rarement recours. Toutefois, je le considère comme absolument nécessaire pour les fruits destinés à être conservés dans un sirop concentré, et nonsoumis à l'ébullition prolongée dans leurs flacons.

Vous pouvez conduire le blanchiment de deux façons différentes; mais en principe, blanchissez à grande eau et enlevez les fruits avec précaution dès qu'ils sont à point.

1° Mettez, par exemple, dans une bassine des Prunes

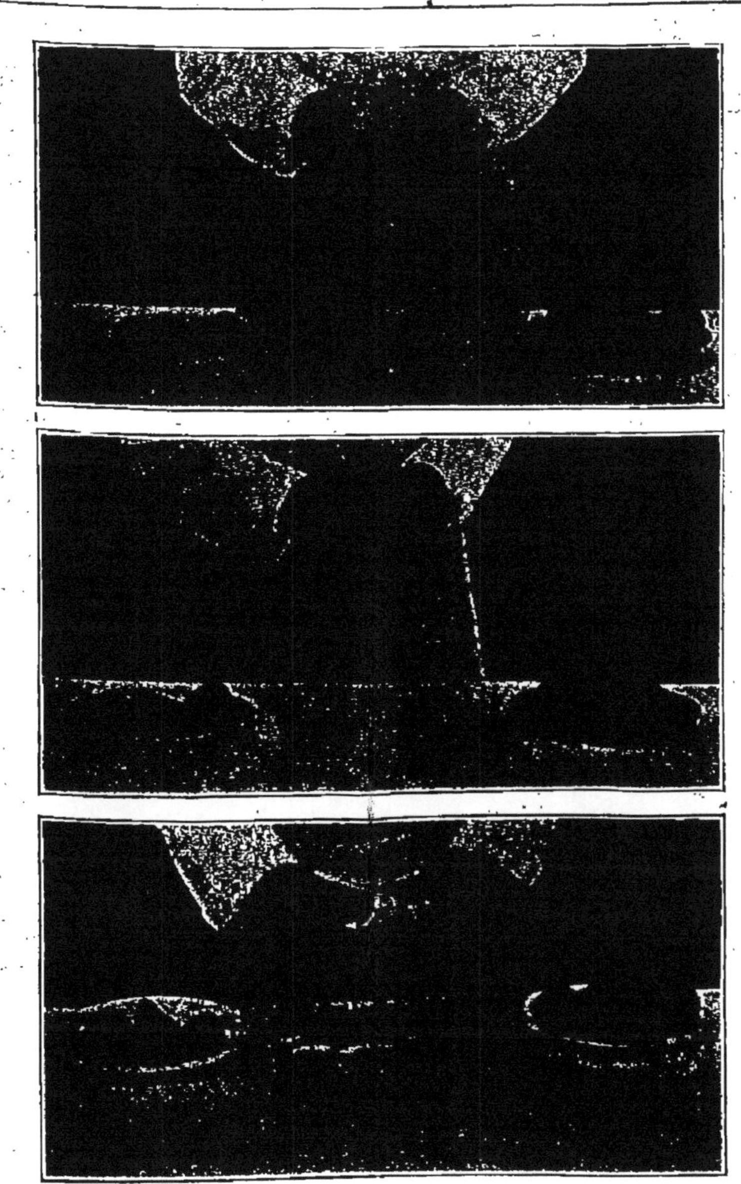

FIG. 1, 2, 3. — PIQUEZ LES ABRICOTS ET PELEZ LES POIRES.
Effectuez les perforations destinées à éviter l'éclatement de l'épiderme, avant le blanchiment, avec une longue aiguille d'argent ou d'acier, préférablement au bouchon armé d'épingles. Pelez les Poires en longues lanières minces d'une seule venue pour éviter des bachures.

FIG. 4, 5. — BROSSEZ LES PÊCHES ET ESSUYEZ LES FIGUES.

Avec une brosse fine enlevez le duvet qui recouvre les Pêches ; ne les essuyez pas, l'épiderme s'enlèverait et la chair se teinterait en jaune ; au contraire les Figues plus résistantes s'accommodent d'un essuyage doucement fait avec une serviette usagée.

FIG. 6, 7. — BLANCHISSEZ ET RAFRAICHISSEZ LES FRUITS.

Mettez les fruits dans l'eau froide ou bouillante et dressez-les après quelques minutes. Plongez-les aussitôt dans une jatte contenant de l'eau froide pour les raffermir, et après complet refroidissement égouttez-les sur une serviette d'office spongieuse.

Reines-Claude et versez de l'eau en quantité suffisante pour qu'elles en soient recouvertes. Placez-la sur le foyer et menez à feu doux. Soyez attentive au chauffage de l'eau, car il ne faut pas qu'elle entre en ébullition ; la peau des Reines-Claude se crevasserait inégalement, et elles perdraient leur jolie forme.

Quand l'eau a atteint le point extrême qui précède l'ébullition, 90 à 95 degrés, atténuez vivement l'ardeur du feu. Si vous vous servez d'un appareil à gaz, cela est facile à faire : baissez la flamme de celui-ci jusqu'à ce qu'elle devienne aussi minuscule que possible ; si, au contraire, vous employez le foyer du poêle-cuisinière, retirez la bassine du feu et placez-la le plus loin possible du foyer, mais de telle façon qu'elle reste sur l'appareil de chauffage.

Environ dix minutes après, rapprochez la bassine et recommencez comme précédemment. Quand l'eau a de nouveau atteint la température précédente et frémit doucement (signe précurseur de l'ébullition), les Reines-Claude remontent à la surface et fléchissent sous les doigts ; elles sont alors absolument vertes.

Saisissez-les avec l'écumoire à fruits — dont les bords sont comme émoussés — au fur et à mesure qu'elles se présentent à la surface et plongez-les avec précaution dans un récipient contenant de l'eau froide courante si possible ; à défaut d'eau courante changez-la deux ou trois fois au cours du rafraîchissage.

2° Mettez, dans une bassine en cuivre, de l'eau en quantité suffisante pour que les fruits y baignent à l'aise et placez-la sur le feu. Lorsque la température oscille entre 95 et 100 degrés, plongez-y doucement les Reines-Claude. Cette façon de faire a pour but de les saisir et de les garantir de l'éclatement. Retirez la bassine du foyer et, dix minutes après, chauffez à feu doux. Lorsque les fruits remontent à la surface, levez-les aussitôt et plongez-les dans l'eau froide comme je vous l'indique ci-dessus.

Ne prolongez pas le blanchiment, surtout lorsque les fruits sont à une journée de maturité, il y a toujours à redouter qu'ils s'écrasent ou se fendillent, surtout les Prunes Reines-Claude.

Les Pêches étant très fragiles et perdant rapidement leurs couleurs carminées au blanchiment, ne les plongez que pendant trois à quatre minutes dans l'eau très chaude ; enlevez-les sans attendre que celle-ci entre en ébullition et avant qu'elles ne remontent à la surface, et terminez comme dans la seconde manière.

Malgré toutes les précautions prises, il arrive que des fruits crèvent au blanchiment. Ceux-ci peuvent être mis en flacon parmi les autres sans inconvénient. Toutefois, si vous tenez à l'harmonie de la présentation des bocaux, il est préférable d'en faire un ou plusieurs flacons séparés ou de les fractionner en les traitant alors comme des fruits préparés en morceaux. Au contraire, si vous préférez ne pas les conserver, confectionnez-en une compote pour servir le jour même, ou le lendemain, comme dessert.

La bonne exécution du blanchiment demande donc de l'expérience ; mais si vous êtes débutante, voici comment vous pouvez y suppléer, lorsque vous constatez que les Prunes Reines-Claude notamment crèvent avant d'arriver à la surface. Écrasez quelques Prunes très mûres dans l'eau, plongez-y les premières Prunes à traiter et renouvelez l'eau après quatre ou cinq blanchiments.

Les fruits deviennent coriaces et racornis toutes les fois qu'ils ne sont pas suffisamment blanchis, ou qu'ils sont préparés au sirop trop sucré (cela pour les fruits conservés sans stérilisation). Les fruits trop blanchis sont exposés à se mettre en purée aux premières façons exigées lorsqu'on les mélange au sirop.

Voici ce que l'on conseille plus particulièrement pour les Abricots moins lourds, moins aqueux et moins sujets à l'éclatement de l'épiderme que les Prunes : « Mettez les Abricots dans une bassine pleine d'eau froide que vous placez sur un feu modéré : ils restent d'abord au fond de la bassine, puis, sous l'action de la chaleur, ils se mettent à s'agiter ; ils hésitent un moment en dansant sur place, puis montent à la surface de l'eau les uns après les autres. Surveillez-les, votre écumoire en main et enlevez-les aussitôt qu'ils flottent ».

IV. — FAITES ÉGOUTTER ET RESSUYER LES FRUITS.

Pendant que les fruits raffermissent et refroidissent dans l'eau très fraîche courante ou renouvelée, préparez une place pour les recevoir, pour les faire égoutter et les débarrasser de l'eau dont ils sont recouverts.

Vous pouvez faire ressuyer ces fruits de deux façons différentes : sur un tamis ou sur des serviettes spongieuses ; le second moyen est généralement le plus usité.

Étendez sur la table de cuisine une serviette spongieuse pliée en quatre épaisseurs, levez les fruits avec l'écumoire et faites-les glisser doucement de celle-ci en la tenant inclinée sur la serviette. Si vous aidez les fruits dans leur chute, faites-le délicatement, afin que les doigts ne marquent pas sur la pulpe.

Laissez-les égoutter et se ressuyer en même temps par évaporation et mettez en flacons aussitôt après. Lorsque vous préparez à la fois plusieurs flacons, comptez qu'il vous faut changer de serviette par quantité nécessaire à deux flacons d'un litre en moyenne.

Si vous employez un tamis, préférez ceux en crin, parce que, grâce à l'élasticité du fond ils ne marquent pas sur l'épiderme des fruits ; ceux en osier et métalliques, au contraire, abiment souvent les fruits. Comme les bords du tamis sont assez élevés, vous risquez toujours d'écraser quelques fruits contre ceux-ci, soit en les mettant dans ce tamis, soit en les enlevant. Procédez donc avec attention, et pour diminuer les risques, placez les fruits de préférence sur le tamis retourné dont les bords sont moins hauts.

V. — POUR BIEN PELER LES FRUITS DÉLICATS.

Il faut un tour de main et de l'habileté pour peler les fruits à chair délicate et sensible comme celle des Pêches. De plus, il est difficile et toujours long à pratiquer sur les fruits incomplètement mûrs. Dans les deux cas, dans le dernier surtout, vous risquez soit de laisser des parties de peau, soit d'enlever des fractions de chair.

Pour éviter cette détérioration et opérer rapidement, vous avez à votre disposition un moyen, véritable tour de main très simple : l'ébouillantage, que vous aurez à appliquer exclusivement aux Pêches et aux Mirabelles, les autres fruits ne comportant pas le pelage.

Portez donc l'eau à l'ébullition, plongez-y les fruits par petite quantité (un demi kilogramme environ) hors du feu pendant trois à quatre minutes. Aussitôt plongés dans l'eau bouillante, les fruits se gonflent et la peau se tend au point d'éclater.

Forcez les fruits à rester sous l'eau et appuyez-les légèrement avec l'écumoire. Après quatre minutes d'attente, levez une petite provision et déposez-la sur l'assiette ;

vous levez ainsi les Mirabelles ou les Pêches au fur et à mesure de vos besoins.

N'attendez pas, pour commencer l'enlèvement de l'épiderme, que les fruits soient complètement froids, la difficulté surgirait à nouveau. Entaillez l'épiderme autour du pédoncule, de façon que vous puissiez glisser la pointe du couteau entre lui et la chair. Saisissez un lambeau d'épiderme et retenez-le sur l'acier avec le pouce ; tirez doucement en longueur pour qu'il se détache sans dommage pour la forme du fruit. Au fur et à mesure de l'enlèvement, tournez le fruit pour le débarrasser de cette mince pellicule qui se roule et se plisse en tombant. Jetez-la, car c'est un déchet inutilisable.

CHAPITRE IV

PRÉPARATION DES SIROPS

I. Ce qu'est le sirop de sucre. || II. Sirop a froid pour une cuisson prolongée. || III. Sirop concentré a chaud pour une courte cuisson. || IV. Vérifiez la densité du sirop de sucre. || V. Pour obtenir un sirop de sucre parfait. || VI. Sirops de jus de fruits.

Avant de procéder au blanchiment et au rafraîchissage des fruits, préparez le sirop de sucre. Vous devez aussitôt en recouvrir les fruits pelés et coupés : Pêches, Poires, Pommes, Ananas, au fur et à mesure de l'épluchage ou de leur mise en flacons, afin d'éviter qu'ils noircissent.

I. — CE QU'EST LE SIROP DE SUCRE.

Je vous rappelle que le sirop de sucre est une solution de sucre et d'eau mélangés dans des proportions définies.

Tous les sirops n'ont pas la même densité, et il existe des sirops légers et des sirops concentrés.

Bien entendu, nous laissons à chacun le soin de décider celui qui lui convient d'ajouter aux fruits, selon que vous les préférez très sucrés ou non. Considérez que les sirops titrant de 18 à 30 degrés sont le plus communément employés dans les Conserves de fruits. J'indique, d'ailleurs, au fur et à mesure des recettes, le sirop qui convient le mieux pour chaque sorte de fruits.

Voici, d'après Mlle Maraval, les bases vous permettant d'obtenir des sirops de concentrations différentes ; par exemple, si vous voulez obtenir en faisant fondre le sucre sur le feu par un simple bouillon un sirop titrant approximativement :

18°	employez	540	grammes de sucre	pour	1 litre	d'eau.
20°	—	750	—	—		—
25°	—	860	—	—		—
27°	—	950	—	—		—

Vous pouvez préparer le sirop de deux manières : à froid et à chaud. Je vous conseille de toujours préparer de préférence le sirop à chaud, et si vous voulez faire vite, de préférer le sirop à froid. Avec le sirop à chaud cuit préalablement et versé bouillant sur les fruits dans les flacons, vous avez la faculté de boucher ceux-ci instantanément et vous vous dispensez ainsi de les stériliser. Il vous faut au contraire, les stériliser assez longuement, lorsque vous employez un sirop léger fait à froid.

D'une façon générale, je ne préconise pas l'emploi des sirops faibles, il me semble indispensable, pour qu'une conserve soit exquise et savoureuse, que les fruits baignent non pas dans un sirop trop dilué, mais au contraire dans un liquide d'autant plus corsé et mieux constitué que les fruits sont acides ou aqueux; car un sirop concentré semble mieux conserver le parfum naturel des fruits. Je vous conseille également, lorsque par les années humides les fruits sont aqueux, de forcer légèrement le degré du sirop.

II. — SIROP A FROID POUR UNE CUISSON PROLONGÉE.

La préparation du sirop à froid, plus expéditive, consiste à mettre 500 grammes de sucre par litre de capacité du récipient, en y ajoutant assez d'eau pour remplir celui-ci, ce qui donne, par conséquent, 500 grammes de sucre pour 500 grammes d'eau bouillie. Afin que le sucre fonde parfaitement et assez vite, arrosez-le d'une petite quantité d'eau, qui, aussitôt absorbée, en désagrège les morceaux; après quoi ajoutez la quantité complémentaire pour faire un litre et le sucre fondra rapidement.

Ce sirop pèse 22 degrés environ. Il convient surtout pour les fruits à noyaux, Pêches, Prunes, Abricots (si vous les aimez peu sucrés), dont la cuisson est quelque peu prolongée, parce que, pendant ce temps, son degré augmente par suite de sa concentration due à l'évaporation de l'eau. Les préparations des Fraises, des Framboises, des Cerises ne s'en accommodent pas, un sirop plus concentré est nécessaire. Ces fruits, pour rester intacts, ne doivent, en effet, être stérilisés au bain-marie que pendant un temps très court, environ cinq minutes; vous pouvez craindre une fermentation presque inévitable, après une cuisson aussi courte, avec un sirop léger préparé à froid que plusieurs personnes recommandent cependant.

III. — SIROP CONCENTRÉ « A CHAUD » POUR UNE COURTE CUISSON.

Le sirop préparé « à chaud » offre la plus grande sécurité. Voici, d'après M. Lavoine, les différentes désignations que l'on donne au sirop de sucre au fur et à mesure

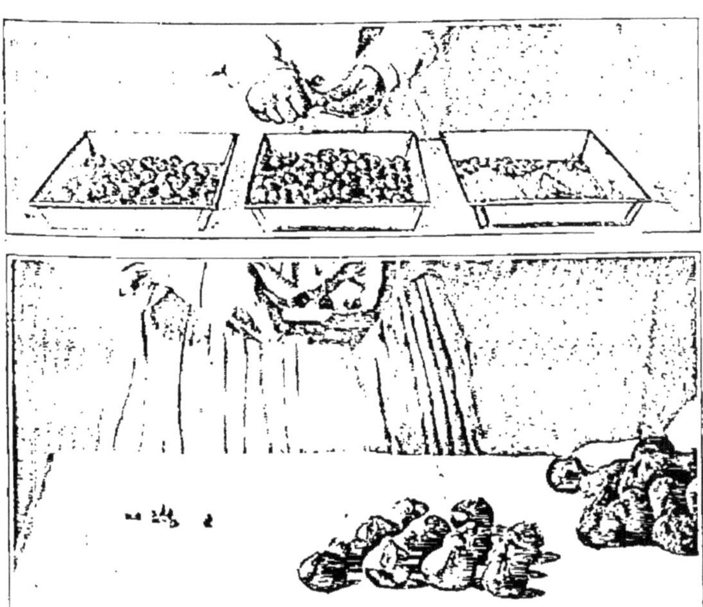

FIG. 8, 9. — DÉNOYAUTEZ LES CERISES ET RAFRAICHISSEZ LE PÉDONCULE DES FIGUES.

Enlevez le noyau de chaque Cerise avec un petit dispositif nommé dénoyauteur ; déposez noyaux et Cerises dans des récipients séparés. Rafraîchissez le court pédoncule des Figues d'un centimètre environ avec un couteau à lame d'argent de préférence.

FIG. 10, 11. — BOUCHAGE DES FLACONS HERMÉTIQUES SANS STÉRILISATION.

Mettez les fruits très chauds dans le flacon, mouillez-les de sirop de sucre bouillant et bouchez prestement. Le lendemain, après l'enlèvement du ressort, le couvercle doit être soudé au bocal : dans le cas contraire, vous n'auriez pas apporté assez de célérité en fermant le bocal. Chauffez à nouveau le sirop et versez-le sur les fruits.

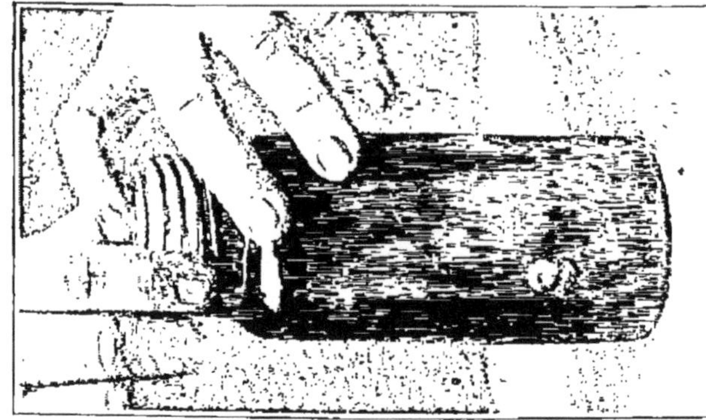

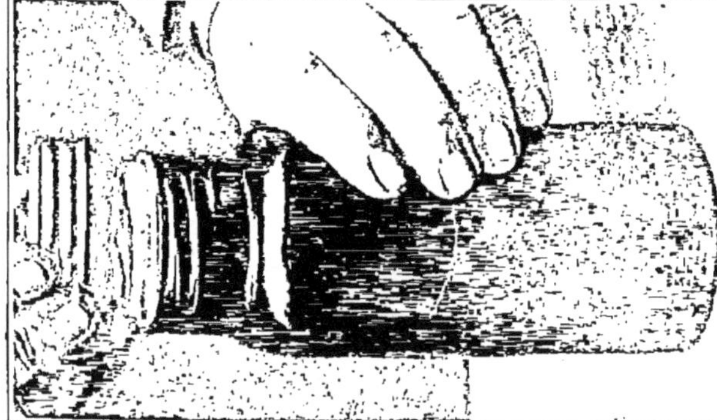

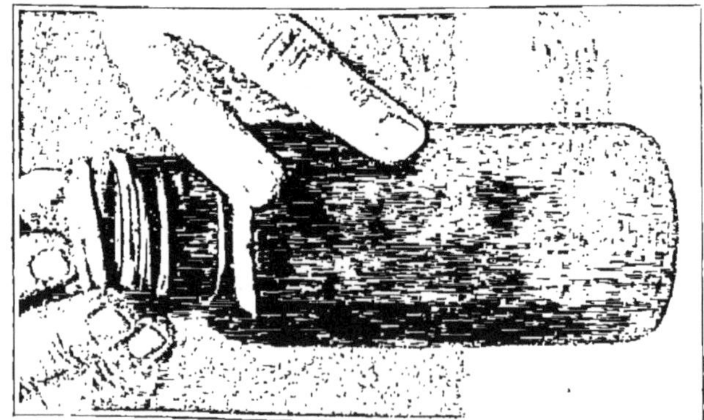

FIG. 12, 13, 14. — FERMETURE D'UN FLACON DU BOUCHAGE PNEUMATIQUE.

Après avoir posé à plat la bague en caoutchouc, coiffez l'ouverture du flacon du disque en étain. Maintenez-le avec la main et vissez la bague filetée préalablement graissée ou vaselinée, pour empêcher la rouille.

que son degré augmente; en le constituant sur les bases suivantes : 1.500 grammes pour un litre d'eau.

« Le sirop est cuit au *petit lissé* (29 degrés) lorsqu'une goutte s'étale sur l'ongle et reste plane; quand on l'étire entre le pouce et l'index, la goutte forme un filet qui se rompt de suite. On dit que le sirop fait la nappe (32 degrés) lorsqu'il s'attache à l'écumoire. Le sirop est cuit au *grand lissé* (33 degrés) quand le sirop ne se rompt pas de suite. Le sirop est *perlé* (34 degrés) quand, à l'ébullition, il forme des bulles ressemblant à des perles. Le sirop au *soufflé* (37 degrés) forme des bulles comme les bulles de savon quand on souffle dans les trous de l'écumoire. Pour reconnaître la cuisson au *petit boulé* (40 degrés), on trempe l'écumoire dans le sirop, on la secoue et, en soufflant dans les trous, on fait sortir des gouttelettes dont on peut former de petites boules entre les doigts mouillés. Le sucre est cuit au *petit cassé* lorsque, prenant du sirop sur l'écumoire, on peut former avec les doigts mouillés une boulette qui s'écrase sous la dent en y adhérant. Dans le *grand cassé* la boulette se casse avec un bruit sec sans adhérer à la dent. Le dernier degré de cuisson du sucre est le *caramel*. »

Pour faire le sirop de sucre « à chaud », mettez dans une bassine, en cuivre non étamée, le sucre et l'eau dans les proportions indiquées ci-dessus; faites progressivement fondre le sucre et bouillir le tout à grand feu, jusqu'à ce que le sirop pèse 32 degrés, en ayant soin de remuer toujours avec une cuiller en bois pour éviter que le sucre ne s'attache. Selon votre goût augmentez ou diminuez le degré du sirop; dans le second cas, ajoutez du sucre, dans le second, ajoutez de l'eau, mais avant de l'employer lisez le titre accusé par le pèse-sirop ainsi que je vous l'indique au paragraphe suivant.

Le sirop à 32 degrés est d'une conservation indéfinie; vous pouvez en préparer à l'avance la quantité pour plusieurs séries de préparations de Conserves.

A cette concentration, le sirop peut paraître trop liquoreux et trop sucré pour les fruits devant constituer des desserts, sans autre préparation ; il convient particulièrement pour les Conserves que l'on additionne de kirsch ou d'eau-de-vie après la cuisson.

Ce sirop peut vous servir de base ; si vous préférez employer un sirop plus dilué; pour cela, ajoutez un quart de volume d'eau bouillante (ou tout au moins bouillie de préférence), quand le sirop est cuit, pour qu'il ne pèse que 28 degrés, concentration suffisante dans la majorité des cas. Mais ce sirop plus léger et le sirop préparé à froid doivent être, le premier dilué, le second préparé le jour même de leur utilisation, car il fermente rapidement et moisit ; à moins que vous ne le stérilisiez.

Si le sirop est trop cuit, le sucre se précipite en cristaux au fond du récipient, ce qui peut provoquer la fermentation des fruits non stérilisés.

IV. — VÉRIFIEZ LA DENSITÉ DU SIROP DE SUCRE.

Le pèse-sirop est un petit appareil — d'un prix minime et d'une lecture facile — en quelque sorte indispensable à la maîtresse de maison qui débute dans la préparation des sirops de fruits et des fruits au sirop. Étant donné qu'il faut savoir le lire, voici des indications que Mlle Maraval donne à son sujet.

« Le point de départ du pèse-sirop est placé au sommet de la tige, et s'exprime par o sur son échelle, dont la graduation va ordinairement jusqu'à 44 degrés. Or, comme l'instrument ne peut se mouvoir que difficilement dans un sirop concentré, on ne l'utilise jamais à ce point extrême.

Moins le pèse-sirop s'enfonce dans le liquide, plus le sirop est fort. Quand on se sert du pèse-sirop, il doit toujours être propre et légèrement humide ; il faut le poser doucement et non le plonger dans le sirop à peser, parce que la tige se chargerait de sirop à une hauteur plus ou moins grande, ce qui augmenterait le poids de l'aréomètre, et lui ferait accuser une densité trop faible.

Pour lire les degrés d'une façon précise sur la tige de l'instrument, il ne faut considérer comme véritable point d'affleurement que le prolongement idéal de la la surface du centre du liquide, et non le sommet de la courbe que la capillarité fait paraître sur les bords de cette tige. »

Voici également comment je vous conseille de vous servir du pèse-sirop : prélevez du sirop brûlant à l'aide d'une louche d'argent, de préférence, et versez-le dans un bocal assez profond et sur une hauteur suffisante pour que le pèse-sirop puisse s'y tenir librement. Ne craignez pas de faire éclater votre bocal; car, contrairement à ce qui se passe lorsqu'il s'agit d'eau bouillante, le sirop ne casse pas le verre. Plongez aussitôt le pèse-sirop dans le sirop bouillant; après quelques oscillations il s'enfonce rarement jusqu'au fond et reste suspendu dans le sirop. Lisez alors le chiffre juste au-dessus du niveau du liquide : c'est celui du nombre de degrés du sirop.

Continuez, arrêtez la cuisson, ou ajoutez de l'eau pour le porter ou le ramener au degré désiré, s'il ne l'est pas.

Il est inutile d'ajouter que le pèse-sirop n'est plus utilement consulté, lorsque le degré du sirop atteint et dépasse 36 degrés, concentration à laquelle il n'est d'ailleurs plus assez liquide et où il faut éviter de le porter.

La concentration du sirop augmente en refroidissant, dans des proportions variables allant en général de 1 à 2 degrés par fraction de 10 degrés notés au pèse-sirop. C'est ainsi qu'un sirop titrant 30 degrés peut, après refroidissement, atteindre 38 degrés si la constatation a été faite à une température d'environ 75 degrés, et titrer 35 degrés, si elle a été faite près du point d'ébullition. Arrêtez par conséquent votre cuisson avant que le pèse-sirop vous indique le degré voulu.

A défaut du pèse-sirop, vous pouvez procéder à la vérification du degré de cuisson de la façon suivante : remplissez un verre d'eau froide, faites tomber dedans, avec la cuiller qui sert à remuer le sirop, une goutte de celui-ci, lorsqu'il est bouillant. Si le sirop n'est pas suffisamment cuit, cette goutte reste simplement au fond du verre et se dissout dans l'eau.

Si, au contraire, ce sirop est arrivé au degré de cuisson et de concentration nécessaires, deux bulles de la grosseur d'une tête d'épingle partent de cette goutte lorsqu'elle arrive au fond et remontent rapidement à la surface.

Lorsque le sirop est trop cuit, ces deux bulles sont plus grosses et se forment avant que le sirop ait touché le fond du verre, et d'autant plus près de la surface que le sirop est plus concentré ; dans ce dernier cas, il convient que vous ajoutiez de l'eau au sirop pour diminuer le degré de concentration, de mélanger le tout et de l'ébullitionner à nouveau.

V. — POUR OBTENIR UN SIROP DE SUCRE PARFAIT.

Pour faire du sirop de sucre dans de bonnes conditions,

conduisez l'opération à feu clair et vif, et ne vous éloignez jamais du foyer ; donnez quelques bouillons et assurez-vous du degré au pèse-sirop, en procédant comme je viens de vous l'expliquer.

Parfois il arrive, surtout lorsque vous préparez un sirop concentré, que le sucre se prend en grains blanchâtres, lesquels se collent contre la paroi au niveau de la surface : le sucre « graisse », dit-on.

Cet inconvénient qui affolle la débutante dans bien des cas, est le plus souvent imputable à une cuisson défectueuse et trop longue du sucre. La qualité du sucre semble avoir aussi une influence, et il est des marques qui y sont davantage prédisposées que d'autres.

Vous pouvez y remédier de la façon suivante : en n'employant que du sucre de bonne qualité. Si le fait se manifeste malgré cela, munissez-vous d'une éponge largement imbibée d'eau et, au fur et à mesure que vous apercevez les grains blanchâtres collés aux parois de la bassine, enlevez-les avec ce petit tampon.

Les industriels remédient à cet inconvénient en employant de la glucose qu'ils ajoutent, pendant la cuisson, dans les proportions de 100 à 300 grammes par kilogramme de sucre. La glucose empêche aussi le sirop de sucre de candir lorsqu'il est refroidi.

Le sirop ainsi obtenu est très onctueux, mais il n'a pas la finesse du sirop de sucre pur ; aussi je ne vous conseille pas cet ajouté.

D'après Mlle Maraval « le miel, la crème de tartre, les jus de fruits, le jus de citron, le vinaigre même, empêchent également le sucre de « graisser » et de « candir » lorsqu'il est refroidi.

« L'emploi de la crème de tartre est encore peu répandu, mais elle serait supérieure à la glucose. La dose convenable est de 1 gramme par kilogramme de sucre; on la met avant de commencer à cuire, sans cela elle n'a pas le temps d'agir. Ajoutez en même temps quelques gouttes de vinaigre, le sirop se tiendra plus blanc.

Les jus de fruits, le jus de citron favorisent aussi par leur acidité la transformation d'une partie de sucre en glucose. »

Malgré les raisons données en faveur de ces palliatifs, je préfère le simple sirop de sucre.

On pratique peu la clarification du sirop de sucre, à moins qu'il doive servir dans les préparations très soignées. Si vous le jugez « trouble », clarifiez-le avec le blanc de l'œuf ou de la pâte à papier.

Supposons d'abord l'emploi du blanc d'œuf. Délayez le blanc dans une petite quantité d'eau froide, — un verre par exemple — ajoutez-le au sucre fondu et mélangez-le intimement; portez ensuite à l'ébullition et remuez toujours. Lorsque le blanc de l'œuf est cuit, laissez reposer quelques minutes, puis enlevez l'albumine coagulée avec l'écumoire. Le sirop est alors prêt et peut servir à toutes les préparations que vous jugerez bon.

Si vous utilisez au contraire la pâte à papier, mettez détremper dans l'eau du papier blanc sans colle, battez-le bien pour le diviser et après avoir fait égoutter la pâte, ajoutez-la au sirop bouillant en prenant soin de la délayer. Versez sur une étoffe de laine et passez une seconde fois sur cette même étoffe.

VI. — SIROP DE JUS DE FRUITS.

C'est avec le jus des fruits mûrs à point, mais moins beaux, que je vous conseille de préparer le sirop de fruits.

Celui-ci s'obtient de deux façons différentes suivant que les fruits sont juteux ou non.

1° En pressant les fruits juteux : Cerises, Groseilles, Framboises, à la main ou au pilon.

2° En cuisant à l'eau pendant quelques minutes et en laissant librement égoutter sur un tamis les fruits plutôt pulpeux, pauvres en jus : Abricots, Poires, Pommes.

Ces jus n'ont qu'un inconvénient, celui de ne pouvoir être employés immédiatement. Ne les préparez cependant pas trop longtemps à l'avance, car ils fermentent rapidement. Faites-les une journée avant de les utiliser pour les fruits pulpeux et deux jours pour les fruits juteux ; à moins que vous ne préfériez les stériliser comme s'il s'agissait d'une conserve ordinaire de fruits, ce qui vous donne la faculté de les employer à telle époque qu'il vous convient.

Jus de fruits juteux : La préparation du jus pour les fruits juteux (Fraises, Cerises) comprend trois opérations : l'extraction du jus base du sirop, sa clarification motivée par la fermentation, et sa filtration.

Quelle que soit l'espèce de fruits employée, le jus obtenu en les pressant à la main ou au pilon est généralement trouble, épais, il renferme des matières mucilagineuses qui rendent sa filtration délicate.

Pour obtenir le jus d'une limpidité parfaite, décantez-le ; pour cela, laissez le jus fermenter seul à une température de 15 à 18 degrés pendant un temps variable, de douze à trente-six heures, suivant la maturité des fruits (douze heures si les fruits sont très mûrs et que le temps est chaud, trente-six heures dans le cas contraire).

Ce commencement de fermentation débarrasse le jus des fruits de la plupart des matières en suspension qui le troublent. Aussitôt que celle-ci se produit, une odeur particulière se dégage, tandis que les matières albumineuses surnagent. N'attendez pas la vraie fermentation qui modifie trop le jus. Filtrez le jus ainsi obtenu à travers une feuille d'ouate ou avec un papier filtre. Placez l'ouate ou le papier filtre dans un entonnoir en verre dont le canal est engagé dans une bouteille destinée à recevoir le jus. Enlevez d'abord avec l'écumoire le produit de la fermentation, puis versez le jus peu à peu sur le filtre. Lorsque celui-ci semble s'encrasser, changez-le et continuez jusqu'à l'épuisement total du jus.

C'est avec ce liquide ainsi clarifié que vous préparez le sirop de sucre et de jus de fruits en ajoutant la quantité de sucre nécessaire au titre du sirop que vous voulez obtenir. Procédez alors de la même façon que pour le sirop de sucre.

Jus de fruits pulpeux : Faites d'abord un sirop de sucre titrant 28 degrés et laissez un peu refroidir. Pour un litre de sirop ajoutez un demi-litre d'eau, 3 kilogrammes de fruits — fractionnez les gros, Prunes Reines-Claude, Pêches, Abricots — laissez entiers les petits : Fraises, Mirabelles, pelez les Poires, les Pommes, et mettez sur le feu chauffer lentement. Laissez bouillir trois à quatre minutes pour les petits, six à sept pour les gros. Remuez avec l'écumoire à fruits, enlevez du foyer après avoir dressé les fruits et versez ce sirop sur un filtre en feutre placé au-dessus d'un récipient qui le recueille. Lorsque ce sirop de fruits est complètement passé et limpide, versez-le sur les fruits comme un simple sirop de sucre. Si vous le stérilisez, vous avez la faculté de l'employer selon vos besoins ; dans ce cas, faites-le chauffer doucement avant de le verser sur les fruits.

CHAPITRE V

MISE EN FLACONS ET STÉRILISATION

I. Comment introduire les fruits dans les flacons. || II. Conduisez méthodiquement la cuisson. || III. Pour avoir des flacons pleins.

Les diverses sortes de fruits nécessitant soit un traitement particulier, soit des modifications de détail dans leur préparation, il me faut d'abord vous donner des conseils généraux sur leur mise en flacons et leur stérilisation au bain-marie, cette dernière s'appliquant, avec des différences dans la durée, indistinctement à toutes les Conserves de garde.

I. — COMMENT INTRODUIRE LES FRUITS DANS LES FLACONS.

Apportez la plus grande attention à la mise des fruits en flacons : ne versez jamais ceux-ci à la louche ; touchez-les le moins possible avec les doigts, surtout les fruits blanchis. Mettez alors toute la délicatesse possible pour ne pas les endommager. Le plus simple est encore d'agir avec méthode. Placez les gros fruits un à un à l'aide de la batte plate en bois ou d'une fourchette, les petits avec une cuiller, et faites-les glisser au fond du bocal. Aidez leur chute en inclinant un peu celui-ci de façon qu'elles glissent sur les parois comme elles le feraient sur un plan incliné, les fruits blanchis se plaçent mieux. Posez les fruits de la même façon qu'ils se présentent sur l'arbre, et non sur le côté; ils se disposent avec moins de difficulté. Pour les fruits ronds qui « perchent » plus facilement les uns sur les autres, frappez le fond du bocal sur une serviette pliée en quatre; ils se tassent ainsi seuls sans s'écraser. Poussez avec la batte ceux qui ont tendance à se mal placer. Nous vous dirons d'ailleurs ce qu'il vous faut faire à chaque espèce de fruits.

Laissez un vide de deux centimètres au-dessous des bords du flacon pour éviter que les fruits ne s'écrasent sous le couvercle lors de l'ébullition; car une pellicule ou quelques morceaux de pulpe en s'y collant, peuvent, dans un temps déterminé, provoquer la fermentation et la perte totale du produit conservé. Toutes les indications relatives à ces inconvénients sont, d'ailleurs, données dans le Volume I de cet ouvrage, Chap. IX, § 3.

Ne versez jamais de sirop froid sur les fruits : cela est inutile et nuisible. Les fruits n'absorbent pas le sirop de sucre, et cette sorte de macération est susceptible de les faire éclater lors de la cuisson.

Procédez ainsi pour les fruits stérilisés au bain-marie : dès que les fruits blanchis sont complètement refroidis, et que ceux qui ne l'ont pas été sont nettoyés, introduisez-les dans les flacons en les serrant légèrement pour en faire tenir le plus possible, mais sans les comprimer trop cependant, au point de les froisser et de les écraser.

Les Cerises, les Mirabelles et les Groseilles non blanchies, les fruits coupés en morceaux ne s'écrasant pas comme les autres, peuvent être pressés davantage.

Dès qu'un bocal est rempli, *versez le sirop de sucre chaud*, mais n'en recrouvrez pas complètement les fruits, ménagez entre le niveau du sirop et le couvercle du bocal un vide de 3 à 4 centimètres pour les flacons d'un litre et 2 centimètres pour ceux d'un demi-litre. Cela fait, posez les couvercles et procédez à la cuisson au bain-marie dans les bouilleurs spéciaux ou dans l'autoclave (Vol. I de cet ouvrage, Chap. v). Comme je vous recommande de verser le sirop de sucre chaud sur les fruits, plongez ces flacons dans l'eau du bouilleur lorsque cette eau est tiède. En les mettant en contact avec de l'eau froide vous en provoqueriez le bris.

II. — CONDUISEZ MÉTHODIQUEMENT LA CUISSON.

Les fruits étant matière très fragile, ne faites pas partir la cuisson à feu vif. Procédez lentement et comptez environ trente minutes pour arriver au point d'ébullition.

Déterminez le temps de cuisson à partir du moment *où l'eau entre en ébullition;* menez le feu aussi régulièrement que possible, en évitant les alternatives de feu vif et de feu bas. *Cuisez à feu clair, sans être trop vif, pour donner une chaleur régulière et soutenue sans exagération d'ébullition* (Vol. I de cet ouvrage, Chap. VIII) *et n'enlevez pas le couvercle du bouilleur pendant que s'opère la stérilisation.*

La durée de cuisson des fruits est très variable. Si vous êtes amenée à comparer les durées indiquées aux différentes recettes de ce manuel, avec celles données dans les brochures offertes par les fabricants de matériel, vous constaterez fréquemment une grande différence. Les durées de cuisson que je préconise, après expérience, notamment pour les flacons à fermetures hermétiques sont plus longues que celles mentionnées dans ces brochures, et sont particulières aux bocaux stérilisés dans un bouilleur. J'estime, en effet, qu'il est prudent de cuire davantage —

sans exagération toutefois — que de risquer une mauvaise conservation et la fermentation des produits, en se tenant aux temps strictement indiqués. Donnez cinq minutes supplémentaires d'ébullition lorsque les fruits ont mûri dans de mauvaises conditions, température froide et pluvieuse.

J'ai prolongé ces temps de cuisson pour deux raisons dont l'une est la conséquence de l'autre.

1° Je ne remplis pas entièrement les flacons de sirop de sucre pour éviter que le jus et le parfum des fruits ne s'échappe.

2° Moins il y a de liquide dans un flacon, plus long doit être le temps de cuisson.

En effet, si vous usez du bouchage hermétique : 1° le contenu augmentant de volume lorsqu'il arrive au point d'ébullition, une partie du jus et du parfum des fruits tendent à s'échapper au dehors par le libre jeu du couvercle ; 2° cet inconvénient s'accentue encore lorsqu'il s'agit de fruits très aqueux et mûrs rendant beaucoup de jus. Versez donc le sirop de sucre de manière qu'il reste un vide de 2 à 4 centimètres entre le sirop et les bords du flacon pour ceux d'une contenance d'un litre, 2 centimètres pour les bocaux d'un demi-litre.

Si, au contraire, vous employez le bouchage pneumatique, vous pouvez remplir les flacons davantage, car si l'échappement de l'air ou désoxygénation se fait normalement, le jus risque moins de se répandre (voir Vol. I, Chap. IV, VII, VIII.

III. — POUR AVOIR DES FLACONS PLEINS.

Vous avez certainement remarqué, Madame, et peut-être vous en êtes-vous inquiétée, qu'après la stérilisation des bocaux à bouchage hermétique, le vide existant à la partie supérieure des flacons atteint parfois jusque 6 et 8 centimètres. Il est moindre — mais il existe néanmoins — si vous stérilisez à feu soutenu et toujours égal, ainsi que je vous l'ai recommandé dans le Volume I des *Conserves à la Maison* et dans le paragraphe ci-dessus.

Vous savez aussi que les fermetures à ressorts ou à agrafes exigent, pour les fruits, une ébullition variant entre vingt, quarante minutes, une heure même, et pour les légumes une heure à une heure trois quarts. Il est donc facile de déduire que les flacons se vident d'une partie du liquide, au cours de l'ébullition, ce que vous constatez au refroidissement.

Ce vide est d'autant plus grand que *l'ébullition est très prolongée et conduite sans méthode à feu vif.*

Pour les fruits, ce vide est moins accusé que pour les légumes, puisque vous laissez bouillir moins longtemps.

Voici du reste ce qui s'opère avec les flacons à ressorts soumis à l'ébullition dans un bouilleur : le ressort maintenant le couvercle ferme le flacon en serrant le couvercle sur le joint en caoutchouc; ce ressort agit donc avec une pression assez forte sur le couvercle. Le flacon mis au bain-marie ne laisse échapper l'air qu'après quelques instants d'ébullition, lorsque sa force est supérieure à la pression du ressort. Cet air chaud et la vapeur, formée par le liquide du flacon, soulève le couvercle, celui-ci reste soulevé pendant l'ébullition, laissant échapper à la fois l'air et la vapeur d'eau. Or, la vapeur ainsi échappée a fait diminuer le volume du liquide et produit, chose inévitable, le vide dans le haut du flacon, vide d'autant plus grand que l'ébullition au bain-marie doit être assez longue pour assurer à la fois la stérilisation du contenu de chaque flacon et son bouchage parfait. Au contraire, si vous stérilisez ces mêmes flacons à l'autoclave permettant à la fois des températures plus élevées et par conséquent une stérilisation plus courte, vous obtiendrez des Conserves parfaites et des flacons ayant peu de vide. On estime que 15 minutes à 112 degrés, équivalent à 1 heure et demie à l'air libre.

Les bocaux du Bouchage pneumatique à élimination d'air permettent, au contraire, la stérilisation au bouilleur ou à l'autoclave sans laisser de vide; parce que l'air s'échappe librement aussitôt que le bain a atteint 25 à 45 degrés. Pratiquez l'obturation du téton laissant échapper cet air, à 75 et 80 degrés pour les Conserves de Fraises et des Framboises qui sont des fruits extrêmement délicats), à 85 degrés pour les autres fruits et à 90 degrés pour les légumes. Aucune diminution, ni perte de liquide ne se produit, le flacon étant hermétiquement clos lorsque commence l'ébullition qui est seulement nécessaire pour les légumes.

Il n'existe donc pas de secret professionnel dans la fabrication des Conserves pour obtenir des flacons ne présentant aucun vide à leur partie supérieure, et deux moyens sont à la disposition de toute personne qui en conserve pour la vente ou pour sa consommation personnelle les produits saisonniers du Jardin et du Verger.

1° Si vous vous servez de flacons à bouchage maintenu par un ressort, stérilisez-les à l'autoclave.

2° Si vous employez les flacons à bouchage pneumatique ne laissant pas échapper le liquide, mais simplement l'air contenu dans les flacons, stérilisez-les à volonté, dans un bouilleur ordinaire ou un autoclave.

Vous obtiendrez ainsi pour la vente et votre consommation des Conserves irréprochables.

CHAPITRE VI

LES ABRICOTS ENTIERS AU SIROP

I. Les variétés d'Abricots sont nombreuses. || II. Des fruits colorés et murs a point. || III. Piquez les Abricots avant le blanchiment. || IV. Mettez les fruits en flacons. || V. Abricots entiers sans noyaux. || VI. Abricots en quartiers. || VII. Préparez ainsi les Abricots en quartiers. || VIII. Comment monder les amandes. || IX. Abricots au sirop renforcé d'alcool.

L'Abricot tient une des premières places parmi les fruits à conserver ; aucun autre fruit ne se prête, en effet, à d'aussi nombreuses utilisations : la confiture de fruits entiers est exquise, la marmelade parsemée d'amandes lui donnant un « montant » est également savoureuse, la gelée est fine et parfaite, la pâte agréable ; sans compter qu'ils peuvent encore être mis à l'eau pour la pâtisserie, confits en entier dans le sirop de sucre avec ou sans noyau, fractionnés en « oreillons » et conservés entiers au sirop renforcé d'alcool.

Confits dans le sirop de sucre en entier, de la même manière que les Prunes Reines-Claude, ils constituent alors un dessert agréable et peuvent également accompagner quelques rôtis de viande blanche : poulet, veau. Confits dans le sirop et fractionnés par moitié, ils deviennent une compote savoureuse ; et en entier, enrobés dans un sirop concentré renforcé d'alcool, c'est une préparation tout à fait exquise. Ce sont ces différentes manières de conserver l'Abricot que nous vous décrirons successivement.

SUCCESSION DES OPÉRATIONS. — Cueillez les fruits par un temps sec, choisissez-les bien colorés. Essuyez, piquez chaque fruit huit à dix fois, plongez dans l'eau froide, blanchissez-les, mettez en flacons, couvrez de sirop de sucre, bouchez et stérilisez.

I. — LES VARIÉTÉS D'ABRICOTS SONT NOMBREUSES.

Le choix de la variété a une grande importance ; il est évident que la Conserve d'Abricots sera en rapport avec la qualité des fruits utilisés. Employez donc de bons fruits. Lorsque les Abricots sont pris au jardin, ces considérations ont moins d'importance, les variétés cultivées sont généralement savoureuses et vous pouvez vous les procurer en temps voulu, à point pour la conservation, surveiller leur maturité, etc. Si, au contraire, vous devez les acheter c'est tout autre chose.

La variété la plus justement recherchée est l'Abricot dit de Triel, dans la région de Paris, mais il est à peu près impossible de s'en procurer au moment de la saison, la plus grande partie étant accaparée par les fabricants de Conserves; ceux de Saumur les valent. L'Abricot d'Auvergne est de grosseur moyenne, joli de forme, d'une belle couleur, à pulpe fine et serrée, à peau lisse; le noyau est petit; jamais il n'est pâteux comme les variétés à gros fruits du Midi et de la vallée du Rhône. Ces variétés sont moins fines, les fruits sont surtout consommés tels qu'ils arrivent, crus; à la rigueur vous pouvez en faire des marmelades.

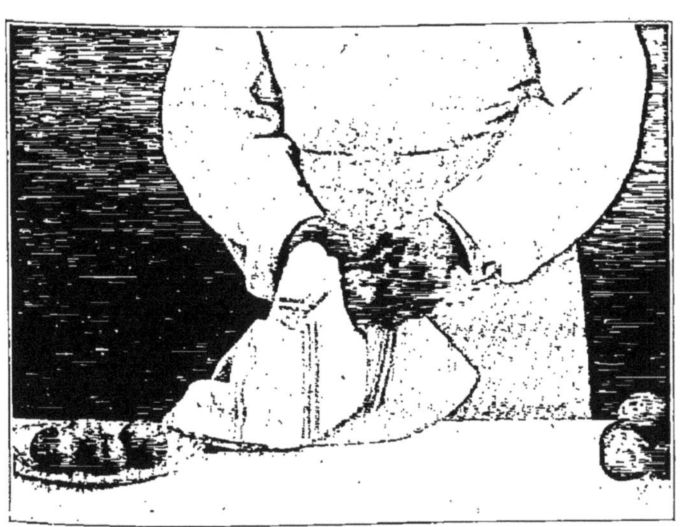

FIG. 15. — ESSUYEZ LES ABRICOTS.

Essuyez, à l'aide d'une serviette d'office usagée, chaque Abricot soigneusement pour enlever à la fois le duvet qui les recouvre et les corps étrangers qui pourraient s'y être déposés.

FIG. 16. — BLANCHISSEZ ET ÉGOUTTEZ LES FRUITS.

Baignez les fruits dans une bassine en cuivre et dès qu'ils montent à la surface du liquide pêchez-les. Rafraîchissez et égouttez sur un tamis en crin ou sur des linges spongieux.

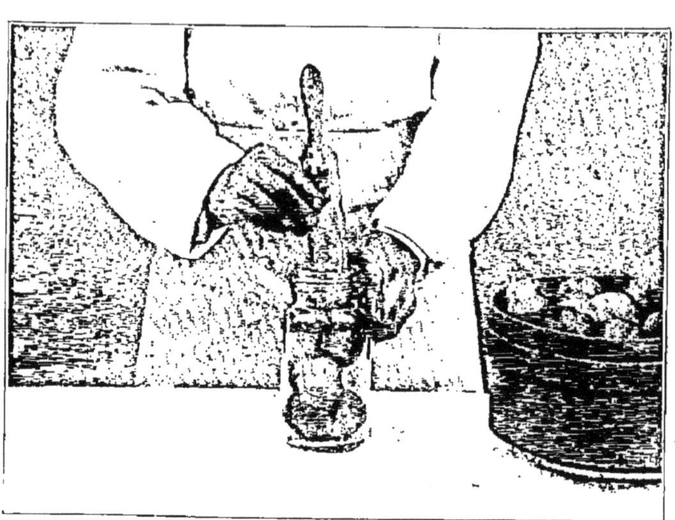

FIG. 17. — METTEZ LES ABRICOTS EN FLACONS.
Aidez-vous de la batte pour placer les Abricots dans le bocal, mais dirigez-la adroitement pour ne pas blesser les fruits.

FIG. 18. — MOUILLEZ DE SIROP DE SUCRE CHAUD.
Ne remplissez pas complètement le bocal, laissez un vide de 2 centimètres environ et avant de boucher rendez-vous compte que les Abricots ne touchent pas le couvercle.

LES ABRICOTS ENTIERS AU SIROP

Parmi les variétés existant au jardin — sujets formés en arbres tiges — *Abricot commun*, *Abricot-Pêche de Nancy*, *Abricot Royal*, etc., préférez les fruits de plein vent, l'Abricot d'espalier étant moins savoureux. C'est le contraire des Pêches.

Cependant, si vous n'avez que des arbres en espalier, utilisez-en les fruits en excédent en Juillet-Août, les compotes ou Conserves de fruits entiers seront fort agréables néanmoins. Voici maintenant quelques caractères distinctifs de chacun d'eux.

Les Abricots d'espalier ont généralement l'épiderme lisse et pâle, plus pâle que ceux de plein vent, à moins qu'on effeuille l'arbre partiellement pour qu'ils se colorent naturellement ; ils sont aussi plus gros.

Ceux de plein vent ont la peau un peu rugueuse ; le vent qui les fouette aux branches, la pluie, la grêle qui les frappent plus facilement que les autres, puisqu'ils sont moins abrités, endommagent leur épiderme, le corrodant, le crevassant d'une façon particulière ; ils se colorent par contre plus vivement, mais sont ordinairement plus petits, à moins que l'arbre soit très jeune et très vigoureux, parce que la production est généralement plus abondante sur un arbre planté en plein vent.

Ces indications ne sont pas absolues ; néanmoins, elles vous aideront à distinguer les fruits les uns des autres, si vous devez les acheter.

II. — DES FRUITS COLORÉS ET MURS A POINT.

Cueillez les Abricots mûrs à point. Séparé de l'arbre quelque temps avant sa maturité, l'Abricot, plus encore que les autres fruits, est coriace, dur, sans sucre et dépourvu de saveur ; au contraire, mûr à point, il est excellent ; mais si vous conservez des Abricots entiers, n'attendez pas que les fruits soient mous, ils sont alors trop mûrs.

Cueillez les fruits le matin ; choisissez-les encore fermes, moyens plutôt que gros, bien dorés uniformément et carminés sur la face baignée par le soleil. Retenez aussi que, plus ceux-ci approchent du point extrême de maturité, meilleure est la Conserve. Laissez les fruits d'un blond verdâtre ; bien qu'ils soient colorés déjà, ils ne sont qu'imparfaitement mûrs et pas assez pour les préparations que vous voulez faire.

J'ajouterai une indication qui a sa valeur, permettant de reconnaître, en plus des caractères extérieurs, un fruit mûr d'un autre qui l'est moins ou pas du tout, vous en ferez l'expérience lors de la cueillette. Sans pression, rien qu'en le soulevant légèrement avec les doigts réunis en cueille-fruit, l'Abricot mûr à point se détache seul de la branche, tandis que le blond verdâtre, malgré des pesées réitérées, cède difficilement ou pas du tout.

L'Abricot est à point lorsque, en pressant de haut en bas, vous sentez le noyau se détacher de la chair.

Au fur et à mesure de la cueillette, placez les fruits un à un dans un panier tapissé de feuillage, et dès que la cueillette est terminée, préparez-les aussitôt que possible.

III. — PIQUEZ LES ABRICOTS AVANT LE BLANCHIMENT.

Essuyez d'abord les fruits un à un. Employez pour cela une serviette de cuisine usagée et, après en avoir recouvert la main gauche, glissez et frottez sur le fruit délicatement pour nettoyer l'épiderme, enlever le duvet, les matières ou autres déchets dont il peut être souillé.

Afin de ne pas reprendre une seconde fois les fruits,

piquez-les au fur et à mesure huit à dix fois, à intervalles irréguliers, autour du pédoncule et à la base en faisant pénétrer l'aiguille jusqu'au noyau. Faites ces piqûres avec une longue aiguille d'acier ou d'argent.

Au fur et à mesure que les fruits sont préparés ainsi qu'il vient d'être dit (essuyés et piqués), plongez-les dans un récipient d'eau froide où ils se raffermissent avant le blanchiment. Cette dernière opération est indispensable aux fruits entiers que vous voulez conserver dans de bonnes conditions ; c'est la plus délicate de toutes, mais l'Abricot étant de nature plus résistant et moins fragile que la Prune Reine-Claude et que la Pêche, le blanchiment en est d'autant facilité. Apportez-y cependant tous les soins possibles, et suivez à la lettre les indications déjà données (Chap. III, § 3).

Dès que les fruits montent à la surface du liquide, au cours du blanchiment, levez-les avec l'écumoire spéciale à fruits sans plus attendre et glissez-les dans une terrine profonde contenant de l'eau froide courante si possible. Ce brusque rafraîchissage, succédant immédiatement au blanchiment, les empêche de noircir ou de brunir.

Si vous ne disposez pas d'eau courante, renouvelez deux ou trois fois en dix minutes environ le bain de rafraîchissage pour que son action s'exerce pleine et entière. Lorsque vous constatez le refroidissement complet des fruits, il est nécessaire de les « ressuyer » ou de les « égoutter »; levez-les toujours avec l'écumoire et faites-les ressuyer sur la table de cuisine recouverte de linges spongieux très secs (Chap. III, § 4).

Si vous conservez une grande quantité d'Abricots et qu'après trois ou quatre ressuyages vous remarquiez la trop grande humidité des linges, changez-les entièrement, car avant de mettre les fruits au sirop il les faut débarrassés de leur eau de rafraîchissage et secs. L'égouttage sur le tamis large « en crin » ne peut vous être défendu systématiquement, mais je ne le conseille pas, le rebord de bois blessant les fruits lorsqu'on le charge trop. Il est également nécessaire que les fruits ne se touchent pas en égouttant; aussi, utilisez seulement ce tamis lorsque vous faites de petites provisions. Après dix minutes d'attente, les Abricots sont assez ressuyés pour être mis dans les flacons.

IV. — METTEZ LES FRUITS EN FLACONS.

Conservez de préférence les Abricots dans les flacons d'un litre ou d'un demi-litre ; plus petits, vous ne pouvez leur confier qu'un nombre de fruits minime et ce n'est pratique que pour les Macédoines. Un flacon d'un litre contient environ 15 à 20 fruits moyens, ceux d'un demi-litre 10.

Introduisez les fruits un à un dans les flacons. A cet effet, munissez-vous d'une fourchette, posez l'extrémité des dents directement sur la table où reposent les fruits, mais maintenez-en le manche. Sans prendre les Abricots avec les doigts, faites-les basculer un à un sur les dents de la fourchette en les poussant doucement, de manière qu'ils soient couchés sur le flanc, et reprennent dans le flacon, en s'y plaçant, la position qu'ils occupaient sur la table. Inclinez le bocal et faites glisser l'Abricot jusqu'au fond, dans une position telle que le côté du pédoncule se présente à la partie supérieure. Posez d'abord le premier fruit, ensuite deux autres à côté ; ainsi trois Abricots occupent le fond du flacon s'ils sont de taille moyenne. Dans les bocaux cylindriques d'un litre, un quatrième peut souvent s'intercaler dans la partie vide au milieu d'eux, et lorsque les Abricots sont légèrement carminés sur une de leurs faces, présentez celle-ci en avant, directement contre le verre. Superposez ensuite les rangées les unes au-dessus des autres, chaque Abricot étant autant que possible placé dans les vides.

Lorsque les bocaux sont étroits comme les bouteilles à fruits, montez-les simplement en pile ; mais, d'une façon générale, ne les entassez pas et prenez soin qu'en fermant le bocal ceux-ci ne soient pas en contact avec le couvercle. Lors de l'ébullition, quelques fruits pourraient s'écraser contre lui et y laisser adhérer des fragments de pulpe ou d'épiderme. Mouillez de sirop de sucre chaud à 28 degrés, car j'ai remarqué que les Abricots demandent un sirop plus corsé lorsqu'ils sont conservés avec le noyau, surtout lorsque ce sont des fruits de variétés peu savoureuses, le sirop faible devient alors trouble et prend un petit goût de bois — dû au noyau — absolument désagréable. *Bouchez, faites bouillir trois quarts d'heure pour les litres, une demi-heure pour les demi-litres (bouchages hermétiques) et ne les laissez pas refroidir dans le bain. Pour ceux à fermeture pneumatique, désoxygénez à 80 degrés, pincez les tétons, chauffez quatre minutes, arrêtez le feu et laissez refroidir dans le bain.*

V. — ABRICOTS ENTIERS SANS NOYAUX.

Les Abricots peuvent également être conservés entiers au sirop sans noyaux. Dans ce cas, préparez-les de la même façon que les Abricots en quartiers ou en « oreillons ». Ne les blanchissez pas, ils garderont mieux ainsi leur forme qui, après la stérilisation, est moins parfaite — sans pour cela être totalement défaite — que celle des fruits ayant conservé le noyau à l'intérieur ; mais ce léger détail est compensé par l'excellence de la préparation.

SUCCESSION DES OPÉRATIONS. — Choisissez des fruits moyens, sans excès de maturité. Essuyez-les, enlevez le noyau avec l'aiguille. Mettez en flacons, mouillez de sirop de sucre et stérilisez.

Enlevez le noyau sans détériorer le fruit. — Pour enlever le noyau sans détériorer la chair, commencez par entailler l'Abricot en largeur, juste dans l'œil du pédoncule. N'agrandissez pas trop la coupe, environ un centimètre de chaque côté ; l'important est que le couteau morde bien la chair et touche le noyau. Cela fait, munissez-vous de l'aiguille que vous employez pour piquer les fruits, car c'est elle qui doit chasser le noyau. Introduisez là dans le sens opposé au pédoncule, juste au milieu et dans le sillon naturel du fruit, piquez jusqu'au noyau et faites en sorte d'y fixer celle-ci. Poussez alors doucement l'aiguille en montant, de façon à entraîner le noyau vers la brèche que vous avez pratiquée ; et dirigez-la fermement dans ce but ; le noyau se dégage alors facilement sans crever la chair. A maturité complète, le noyau s'étant détaché de la chair tient seulement à la pulpe par quelques fibres. Continuez ensuite par la mise en flacons et terminez comme pour les Abricots entiers au sirop.

VI. — ABRICOTS EN QUARTIERS.

La conservation des Abricots en quartiers est une des plus exquises ; en fractionnant ces fruits en deux, vous obtenez ce que dans le commerce les industriels nomment les « oreillons » d'Abricots.

Toutes les variétés peuvent être conservées sous cette

forme, donnant des résultats très satisfaisants au point de vue de la qualité. Si vous regardez le côté pratique et économique, ces Abricots sont aussi d'un rendement plus avantageux que les fruits entiers. De même que pour les Abricots entiers sans noyaux, ne faites pas subir de blanchiment préalable à ces fractions. Ajoutez aux Abricots en quartiers, les amandes mondées, qui donnent un goût particulier.

SUCCESSION DES OPÉRATIONS. — Prenez des fruits moyens, à point. Essuyez et partagez-les en deux fractions. Mettez en flacons, cassez quelques noyaux, mondez les amandes, introduisez-les parmi les Abricots. Mouillez de sirop de sucre et stérilisez.

VII. — PRÉPAREZ AINSI LES ABRICOTS EN QUARTIERS.

Essuyez d'abord chacun des fruits avec une serviette de cuisine pour enlever la poussière dont l'épiderme peut être recouvert, et, dès que vous avez donné ces soins de propreté, fractionnez les Abricots.

Pour séparer nettement et rapidement en deux chacun des fruits, prenez-le par le milieu, le pouce au-dessus, l'index en dessous, et placez devant vous l'extrémité opposée au pédoncule.

Avec un couteau à fruit, commencez l'incision vers le milieu du fruit, en suivant le sillon naturel creusé dans celui-ci, et qui semble vouloir le partager en deux parties. Lorsque vous arrivez à l'endroit du pédoncule, entrez le couteau plus avant dans la chair et donnez une petite pression de droite à gauche avec la lame du couteau pour séparer nettement les deux côtés l'un de l'autre; continuez l'incision par un mouvement tournant qu'exécute le poignet en faisant en même temps basculer le fruit placé entre les deux premiers doigts de la main gauche, tandis que le pouce droit aide le fruit à remonter vers la droite jusqu'au point de départ de la coupure.

Ouvrez alors délicatement le fruit par le milieu en vous aidant de l'extrémité des ongles des pouces droit et gauche, si vous sentez quelque résistance ; mais, lorsque l'Abricot est bien fractionné, le couteau fait ce travail machinalement et sans l'endommager. Détachez le noyau en le soulevant par la pointe avec les doigts, et retirez-le adroitement de son point d'attache. Conservez une petite quantité de noyaux, et après le fractionnement des fruits, cassez-en une dizaine environ par bocal d'un litre et ajoutez-les à la compote.

Après avoir réuni les fractions dans une assiette ou un plat creux, commencez la mise en flacons ainsi que je vous l'indique pour les demi-Pêches au kirsch, Chap. XVIII, et employez les mêmes grandeurs de flacons que pour les préparations précédentes. Aussitôt que les flacons sont remplis, préparez les Amandes.

VIII. — COMMENT MONDER LES AMANDES.

Si vous voulez opérer vivement, ayez un marteau un peu fort, car le noyau de l'Abricot est très résistant. Pour le briser vite et bien, placez-vous sur un objet très dur, qui ne renvoie pas le choc. Immobilisez le noyau entre les deux premiers doigts de la main gauche, et frappez un coup net et vif sur la proéminence du noyau ; celui-ci se fendille alors et met à nu l'Amande intacte. Si vous donnez un coup lourd et fort, à chaque fois, vous réduirez l'Amande en miettes, ce qu'il faut éviter.

Mondez maintenant les Amandes soigneusement, c'est-à-dire enlevez leur épiderme brun et rugueux. Pour y parvenir, mettez sur le feu, à cet effet, une petite casserole remplie d'eau, et menez à l'ébullition rapidement. Jetez dans celle-ci les Amandes, retirez aussitôt du feu et veillez à ce qu'elles soient complètement couvertes d'eau. Laissez-les infuser cinq minutes, pas davantage, puis retirez-les au fur et à mesure que vous les mondez.

Prenez ensuite chacune d'elles entre le pouce et l'index de la main droite et aidez-vous un peu des mêmes doigts de la gauche. Placez le côté pointu en dehors, glissez le pouce sur la peau pour la forcer à se détacher du haut : l'Amande, d'une blancheur laiteuse, s'échappe alors d'elle-même.

Lorsque toutes les Amandes sont mondées, roulez-les dans une serviette douce et spongieuse, puis mêlez-les aussitôt aux fractions d'Abricots, mouillez de sirop de sucre à deux centimètres des bords, bouchez et stérilisez le même temps que pour la préparation des Abricots au sirop. Les Amandes parfument agréablement la compote et elles sont délicieuses à trouver parmi la pulpe ambrée.

IX. — ABRICOTS AU SIROP RENFORCÉ D'ALCOOL.

Préparez les Abricots absolument comme les Prunes Reines-Claude, Chap. XXI. Les Abricots à l'eau-de-vie, aussi bien préparés soient-ils, sont moins savoureux que les Prunes Reines-Claude, d'abord parce que ces fruits sont moins exquis naturellement; mais lorsqu'ils ont été traités sans attention, blanchis imparfaitement et mal réchauffés dans le sirop, ils s'y frippent et se rident.

Je vous conseille vivement de ne pas faire cette préparation si vous voulez tricher sur quelque point; de même qu'elle demande du temps pour être bien faite. Entreprenez-la seulement lorsque vous jugez avoir le temps de la surveiller attentivement et donnez les immersions dans le sirop d'une façon régulière.

CHAPITRE VII

LES ANANAS EN RONDELLES

I. DEUX GENRES DE PRÉPARATION. || II. COMMENT CHOISIR LES ANANAS. || III. ENLEVEZ D'ABORD L'ŒILLETON VERT. || IV. PELEZ L'ANANAS A VIF. || V. SECTIONNEZ LE FRUIT EN RONDELLES MINCES. || VI. PAREZ LES TRANCHES ET DIVISEZ-LES. || VIII. PLACEZ LES TRANCHES HORIZONTALEMENT. || VIII. ENTREMETS ET DESSERTS UTILISANT L'ANANAS. || IX. POUR CONSERVER LES ANANAS ENTIERS.

DEPUIS que les importations d'Ananas des Antilles, de la Réunion, contrées où cette Broméliacée est cultivée en pleine terre, ont rendu sa production en serre peu rémunératrice, il ne faut plus songer à la faire commercialement. Aussi, ne voit-on maintenant des serres à Ananas que dans les très importantes et riches propriétés, dans celles où le prix de revient demeure une question secondaire.

Les Conserves qu'il peut être intéressant pour vous de faire avec ce fruit parfumé d'une des plus curieuses Broméliacées n'ont peut-être pas, par cela même, la même portée pratique que celles de : Cerises, Mirabelles, Pêches, Reines-Claude, Poires, Abricots, etc. Cependant, si vous soignez vos menus et que vous aimiez ce fruit, je ne saurais trop vous conseiller de profiter des époques où il est envoyé sur les marchés en plus grande quantité — bien que ceux-ci n'en soient jamais dépourvus — et d'en préparer des desserts fort appréciés pendant l'Eté et au moment des chasses.

Tandis que, pour les Conserves de fruits et de légumes vous devez profiter de leur période de production alors que vous êtes à la campagne, pour celles d'Ananas, il vous faut au contraire les préparer pour la période pendant laquelle vous vous établissez dans une ville de quelque importance ; là, il vous est plus facile de vous approvisionner largement, vous faites donc l'inverse.

I. — DEUX GENRES DE PRÉPARATION.

Vous pouvez conserver l'Ananas de deux façons différentes : au sirop de sucre additionné de kirsch ou au sirop de sucre simplement comme les Cerises et les Fraises. Dans le premier cas, fractionnez l'Ananas en larges rondelles ; dans le second, conservez-le en entier, mais il vous est également possible de garder et de préparer l'Ananas entier dans un sirop de kirsch, de même que s'il ne vous convient pas, pour une raison quelconque, d'ajouter le kirsch à la préparation des Ananas en rondelles, vous pouvez vous en dispenser.

Je vous donnerai la faculté de réaliser l'une et l'autre, vous choisirez donc telle recette qui vous plaira, tout en vous conseillant les Ananas fractionnés au kirsch parce que c'est la préparation qui me paraît la plus recommandable, la plus économique et la plus pratiquement réalisable dans les ménages où l'on conserve seulement trois ou quatre fruits chaque année. A mon avis, c'est également la plus savoureuse, le fruit pelé à vif puis divisé en rondelles minces, macère d'abord dans un sirop parfumé dans lequel il cuit ensuite. Les tranches, après la cuisson, sont extrêmement savoureuses, et aucun assaisonnement ne leur est nécessaire au moment de les servir. Comme elles ont bénéficié largement de l'action exquise du sirop rehaussé de kirsch, elles sont parfumées à point.

Beaucoup de personnes préfèrent ces Conserves à l'Ananas frais ; c'est assez dire qu'il ne perd aucune de ses qualités. Mais il ne faut pas vous dissimuler que ces Conserves sont d'un prix de revient aussi élevé que les bonnes marques venant directement des pays d'origine. Elles sont, par contre, bien supérieures à beaucoup d'autres préparées industriellement ; de sorte que le petit inconvénient de coûter aussi cher est compensé.

Considérez aussi que, à moins d'être nombreux à table, un fruit entier fournit une coupe trop abondante pour être servi en une seule fois. Le fruit réparti en plusieurs pots permet donc une utilisation plus économique.

Cependant, si vous conservez chaque année une dizaine d'Ananas, ayez-en deux ou trois entiers, en prévision des desserts choisis.

SUCCESSION DES OPÉRATIONS. — Choisissez un sujet bien pesant, doré à point. Pelez et découpez-le en rondelles minces. Faites-les macérer dans le sirop de sucre additionné de kirsch, puis mouillez de sirop renforcé de kirsch ; bouchez et stérilisez.

II. — COMMENT CHOISIR LES ANANAS.

C'est précisément d'Octobre à Février, et surtout en Décembre-Janvier, que ces fruits parviennent en grande quantité sur les marchés. Selon les arrivages, il vous est possible, à Paris, de vous procurer des Ananas dont le prix varie suivant la grosseur, et s'échelonne de 3 à 6 francs chez les primeuristes ou dans les grandes maisons d'approvisionnement ; les marchands des quatre-saisons, avec leur éventaire roulant en offrent parfois à cette époque à des prix inférieurs : 1 fr. 75, 2 francs.

Il faut les Ananas mûrs à point pour qu'ils possèdent le maximum de qualités. Choisissez donc un fruit de couleur bien chaude, d'un beau jaune cuivré ; veillez à la fraîcheur de la pousse verte ou œilleton qui le couronne, constituée par une rosette de feuilles — c'est une condition qui a sa valeur — car les feuilles sèches, molles, fanées, indiquent que le fruit n'est plus très frais.

Soupesez-le dans la main : est-il lourd, résistant, ses parois sont-elles intactes et sans taches brunes intenses ? Humez le parfum discret qu'il dégage, vous aurez là un fruit parfait.

Défiez-vous d'un parfum trop violent, absolument épanoui, des taches brunes ou pâles semblant des piqûres d'humidité ; les premières dénoncent le fruit trop mûr et même un peu passé les secondes, un fruit cueilli avant maturité et ayant mûri dans de mauvaises conditions ; ces taches ont déjà atteint la chair.

Préférez plutôt les fruits à la forme allongée que ceux arrondis ou en boule ; ils sont plus faciles à préparer et fournissent, à poids égal, un plus grand nombre de tranches. Préférez aussi un gros fruit à un petit ; il est plus avantageux en raison de la proportion moins grande de déchets qu'il donne.

Vos achats effectués, n'attendez pas trop pour préparer les Conserves, et surtout ne laissez pas les fruits à la chaleur, dans une cuisine ou sur les planches de l'office ; car ils s'avancent alors très rapidement et mal. Mettez-les de préférence dans une pièce froide, non chauffée si possible.

III. — ENLEVEZ D'ABORD L'ŒILLETON VERT.

Avant tout, enlevez à l'Ananas son plus bel ornement ; décapitez-le. Le sectionnement de l'œilleton vous fixe d'une manière précise sur la finesse et la qualité du fruit. Cette indication n'est toutefois utile à connaître que pour sérier les Conserves préparées.

Sachez néanmoins que, plus il est dur à couper, plus il vous faut donner d'épaisseur (tout au plus 1 centimètre à 1 cm. 5) à la première tranche pour enlever la sorte de calot bombé qui le couronne, et inutilisable dans la Conserve. La chair qu'il contient peut d'ailleurs, avec celle du calot inférieur et les petits fragments de chair détachés çà et là, les parures des tranches, être préparée au kirsch et servie de suite.

Pour enlever cette tranche épaisse, laissez l'Ananas dans sa position première ; immobilisez et maintenez-le ferme : que la main soit au milieu afin qu'il ne pivote ni ne roule lorsque vous cherchez à placer le couteau, car la dureté des écailles le fait parfois dévier.

Entrez d'abord la partie supérieure de la lame et dirigez-la aussitôt vers le bas ; dès qu'elle mord dans la chair, faites une seule pesée bien nette ; le couteau se fraye alors un passage, et la tranche tombe merveilleusement coupée sans aucune hachure.

Pour réussir, tenez le couteau très droit afin que la section soit nettement verticale ; la taille en biseau est défectueuse en raison des tranches incomplètes qu'elle détache.

IV. — PELEZ L'ANANAS A VIF.

Le revêtement d'écailles qui constitue l'enveloppe protectrice du fruit étant très résistant, munissez-vous d'un bon et solide couteau d'office bien tranchant pour faciliter le sectionnement des tranches nettes, régulièrement peu épaisses. Ces écailles très minces adhèrent directement à la chair ; ne l'entamez pas fortement, car, si le fruit est mûr, le jus s'en échappe. Néanmoins, l'enlèvement des lamelles doit comprendre celui de toute la partie jaune de l'écorce pour que le fruit apparaisse blanc, gardant seulement l'emplacement des petits points marquant le centre de chaque écaille.

Pelez de préférence l'Ananas dressé, parce que, posé horizontalement, le point d'appui qu'il donne échappe. Dressez-le donc, et aidez-vous de la main gauche pour l'empêcher d'osciller pendant l'épluchage qui est plutôt ennuyeux, et demande quelque attention ; surtout employez un couteau bien tranchant.

Introduisez-le sous les écailles dont la coupe produite par l'enlèvement du calot dégage le premier rang supérieur. Assujettissez celui-ci convenablement et coupez des lamelles écailleuses les plus longues possibles, en allant jusqu'à la base.

Si vous ne pouvez y parvenir du premier coup, il vous est difficile de reprendre la section d'une lamelle incomplètement enlevée ; opérez donc adroitement, vite et bien, et rendez-vous compte du pourquoi si vous ne réussissez pas la première fois : soit que vous ayez pris une lamelle d'écorce trop mince, soit que vous dirigiez la lame du couteau en dehors au lieu de la diriger verticalement, soit que le couteau ne coupe pas. Rectifier alors sa position comme le chasseur rectifie son tir. Puis, par un mouvement de rotation, présentez tour à tour la partie non pelée au couteau. C'est seulement lorsque l'Ananas est complètement débarrassé des écailles que vous sectionnez sa base comme la partie supérieure.

FIG. 19, 20. — DÉCAPITEZ ET PELEZ L'ANANAS.
Enlevez la rosette verte de feuilles inutiles, et après avoir placé verticalement le fruit, débarrassez-le de sa peau écailleuse; pelez-le à vif en longues lanières les plus régulières possible.

FIG. 21. — ENLEVEZ UNE RONDELLE A LA BASE.
Cette partie de l'Ananas est parfois cotonneuse, enlevez-la seulement lorsque l'Ananas est pelé pour éviter qu'il ne perde son jus, et donnez-lui un centimètre et demi d'épaisseur environ.

FIG. 22, 23, 24. — FRACTIONNEZ L'ANANAS EN RONDELLES.
Donnez trois à quatre millimètres d'épaisseur aux rondelles que vous tranchez nettement, parez ensuite chaque rondelle et divisez chacune d'elles en trois triangles.

Je vous conseille de terminer par cette suppression, car le fruit perd toujours un peu de son jus en l'épluchant. Si, au contraire, la base était sectionnée dès le début, cet inconvénient se produirait d'autant plus nettement que le fruit serait avancé.

Dans cet état, l'Ananas est prêt à être conservé en entier, si vous le désirez. Servez-vous alors de bocaux d'un diamètre assez grand pour permettre l'introduction des rondelles : litres et demi-litres.

V. — SECTIONNEZ LE FRUIT EN RONDELLES MINCES.

Une petite difficulté se présente pour le sectionnement des rondelles minces. Les couteaux de cuisine les mieux affilés ne donnent pas toujours à celles-ci la finesse désirable, tandis qu'un long couteau d'office à lame des plus mince et flexible, est un outil très précieux pour réduire l'Ananas en multiples rondelles.

Divisez-donc cette sorte de cylindre en autant de tranches possibles, minces comme les crêpes, bien faites — c'est-à-dire ne dépassant pas 3 à 4 millimètres ; — plus elles sont coupées fines, meilleures elles sont.

N'hésitez pas, quant à leur sectionnement ; dès que vous avez donné effectivement l'épaisseur désirée à la tranche en posant le couteau, introduisez la lame dans la chair ; conduisez vivement celui-ci pour qu'il la sépare nettement du fruit. Taillez ensuite avec célérité, vous réussirez mieux ainsi qu'en allant lentement et en mesurant vos gestes.

Disposez, à cet effet, l'Ananas sur une feuille de papier blanc, de façon qu'il forme, une fois coupé, une file ininterrompue de tranches à la façon des pièces de monnaie, et de telle manière que chacune de celles que vous détachez tombe et s'appuie sur la précédente, sans que vous ayez à la placer. Reculez simplement, au fur et à mesure, l'Ananas en arrière pour avoir toujours le champ libre.

Le fruit qui a servi à nos démonstrations photographiques pesait 1 kg. 630, il a fourni environ quarante tranches.

VI. — PAREZ LES TRANCHES ET DIVISEZ-LES.

Aussitôt que les tranches reposent en longue file, prenez-les une par une et « parez » leur circonférence ; unifiez-la en retirant les petits cils durs qui pourraient y adhérer encore, ou les pointes de chair faisant des bavures désagréables ; en un mot, régularisez le contour.

Coupez ces tranches, au fur et à mesure que vous les parez, car il est impossible — si vous employez un beau fruit — en raison de leur diamètre, de les faire tenir dans un bocal d'un demi-litre et même d'un litre. Vous pouvez donc le faire de deux façons différentes, suivant que vous le désirez et aussi d'après l'utilisation à laquelle vous les destinez. Dans le premier cas, sectionnez-les en deux moitiés égales ; ou bien faites-en trois parts, soit trois triangles dans le but d'en multiplier les aspects.

Avant de commencer vos Conserves, préparez un sirop de sucre très liquoreux à raison de 1 kilogramme de sucre pour six grands verres d'eau — quantité plus que suffisante pour quatre flacons d'un demi-litre. Faites fondre le sucre à chaud en vous servant d'un poêlon de cuivre non étamé ou d'une casserole en nickel. Ne le laissez pas cuire trop longuement, quelques bouillons suffisent.

Bien que l'Ananas, à l'opposé de beaucoup de fruits, ne s'altère pas à l'air libre quand il est préparé — ne jaunit pas — mettez les tranches macérer dans un plat ou autre récipient au fur et à mesure que vous les sectionnez, pendant une demi-heure environ dans le sirop de sucre chaud, mais pas bouillant, auquel vous ajoutez un verre à madère de bon kirsch pour la quantité indiquée plus haut. L'Ananas s'imprègne alors de sucre et se parfume délicieusement de kirsch.

Pendant le temps de cette macération préoccupez-vous des autres rondelles qui attendent et donnez-leur ce même bain parfumé au fur et à mesure que vous taillez dans leur chair les pointes aiguës, puis préparez les bocaux, lavez et séchez le mieux possible. Votre matériel réuni, disposez alors dans les bocaux les tranches rondes dressées provisoirement sur un plat.

VII. — PLACEZ LES TRANCHES HORIZONTALEMENT.

Pour faire pénétrer les tranches bien à plat, couchez le pot sur la table. Avec le couteau ou la batte en bois plate, saisissez chaque fraction ; introduisez-la dans le bocal et maintenez-la ; puis, successivement, empilez-les au-dessus les unes des autres. Dès qu'il est plein, relevez-le et versez pour les flacons d'un demi-litre, environ la valeur d'un verre à bordeaux de sirop dans lequel ils macéraient. Celui-ci, en effet, ne doit pas dépasser les quatre cinquièmes de la hauteur du bocal.

Avant de poser caoutchouc, couvercle et ressort, asssurez-vous du parfum du sirop et ajoutez à nouveau, cela est facultatif, un demi verre à liqueur de kirsch, s'il ne vous semble pas corsé à point et surtout à votre goût, mélangez-le pour qu'il soit bien amalgamé au sirop.

Procédez de même pour les tranches en pointes ; mais montez-les en pile ; bouchez, portez l'eau à l'ébullition et maintenez celle-ci pendant *une heure un quart pour les litres (Bouchages hermétiques), quarante minutes pour les demi-litres mais ne les laissez pas refroidir dans le bain. Quant à ceux du Bouchage pneumatique, désoxygénez jusqu'à* 80 *degrés, pincez les tétons, chauffez cinq minutes, laissez refroidir dans le bain.*

Sans doute, désirez-vous savoir le prix de revient approximatif de cette préparation ? Le voici, en totalisant sur le rendement moyen d'un Ananas pesant 1 kg. 630 payé 5 francs. Comptez sur 280 grammes de déchets, dans lesquels le poids de l'œilleton entre pour 160 grammes, il reste donc net environ les cinq sixièmes du poids du fruit. Celui-ci a donné quatre bocaux d'un demi-litre ; le prix d'un bocal ressort donc à environ 1 fr. 50, ce qui n'a rien d'exagéré.

VIII. — ENTREMETS ET DESSERTS UTILISANT L'ANANAS.

Vous appréciez trop, Madame, le parfum délicieux et le goût musqué unique que ce fruit possède, pour que j'aie le désir de vous le vanter davantage ; sa saveur plaide elle-même sa cause. Et puis, ne constitue-t-il pas un dessert choisi — car on ne le rencontre pas sur toutes les tables — un peu luxueux même, sur lequel se greffe une petite pointe d'exotisme, bien faite pour lui faire partager avec les Poires, les Pommes et autres préparations, les honneurs de la table.

Je rappellerai seulement quelques-uns des multiples emplois auxquels il se prête ; il est même, pour plusieurs, un élément très distingué, une garniture riche qui rehausse à la fois le goût et met l'entremets en valeur : voici les beignets parfumés, les charlottes de pommes savoureuses, les turbans de riz qu'il orne à merveille, les moscovites,

FIG. 25, 26, 27. — METTEZ LES TRIANGLES D'ANANAS EN FLACONS D'UN DEMI-LITRE.

Vous pouvez encore sectionner les rondelles en deux parties égales. Pour la mise en flacons, couchez celui-ci sur la table et introduisez les fractions une à une. Mouillez de sirop de sucre rehaussé de kirsch.

FIG. 28 A 34. — ANANAS ENTIERS DANS DES FLACONS SPÉCIAUX.

En haut, mauvaise manière d'exécuter l'épluchage sans point d'appui. La mise en flacons dans les modèles spéciaux est absolument facilitée, l'Ananas s'y emboîte d'une façon parfaite. Mouillez le fruit de sirop, bouchez et stérilisez.

les tartelettes, les timbales, les coupes rafraîchies constituées exclusivement de ce fruit ; ou bien, préférez-vous les recouvrir d'une crème Chantilly, cela est particulièrement délicieux ! D'autres fois, l'Été surtout, il parfume d'une façon exquise la Macédoine de fruits glacés et plaît à tous pour l'extrême fraîcheur qu'il laisse à la bouche, parce que ni trop sucré ni pâteux.

Ananas parfumés fleurant si bon que votre présence se devine là où vous êtes, toutes ces présentations disent votre succès ; vous flatterez toujours l'odorat des gourmets. Aussi je suis persuadée, Madame, que vous n'avez plus qu'un désir : préparer dès maintenant, pour l'Été, d'exquises tranches d'Ananas.

IX. — POUR CONSERVER LES ANANAS ENTIERS.

Cette manière de conserver l'Ananas est peu pratiquée dans les ménages ; au contraire, l'industrie prépare uniquement ces fruits de cette façon ; baignant dans une solution légèrement sucrée, qui n'a rien de commun avec le sirop de sucre.

Je vous ai dit que si vous faisiez des provisions d'Ananas — 10 à 12 fruits — il vous était possible d'en conserver quelques-uns en entier. Dans ce cas, préparez-les au sirop de sucre simplement ; le sirop renforcé de kirsch les parfumant trop irrégulièrement.

Cette préparation est plus rapidement faite que celle des Ananas fractionnés, puisque les apprêts se résument simplement dans l'épluchage des fruits, la macération dans le sirop ayant lieu dans le bocal même où les Ananas doivent cuire.

SUCCESSION DES OPÉRATIONS. — Enlevez la houppe verte de feuilles. Pelez à vif l'Ananas et rafraîchissez la base.

Mettez en flacons appropriés à leur taille, mouillez de sirop de sucre, bouchez, laissez macérer une heure, stérilisez.

Ayez des fruits aussi intacts que possible. Pour cela apportez plus d'attention encore dans le choix de ceux-ci. Ne sectionnez pas l'œilleton vert au couteau, enlevez-le à la main. Pour y parvenir, prenez-le à la base, à pleine main et en relevant les feuilles, puis tournez-le pour le détacher.

Commencez ensuite l'épluchage, le pelant d'une façon très minutieuse, afin de lui garder sa forme. Rafraîchissez la base si vous constatez qu'une telle ablation est nécessaire. Mettez aussitôt chaque fruit pelé en flacons appropriés à leur taille. Outre les bocaux cylindriques, il existe des formes spéciales rappelant assez une calotte, qui permettent d'y introduire les fruits parfaitement.

Que vous choisissiez la forme cylindrique ou la forme spéciale aux Ananas, la mise en flacons est très facile. Prenez délicatement le fruit à peu près au milieu et introduisez-le la tête en bas, c'est-à-dire le côté de la hampe reposant sur le fond même du flacon. Laissez-le glisser doucement et dirigez-le pendant sa chute. Mouillez aussitôt de sirop de sucre chaud, laissez un vide de cinq à six centimètres, bouchez le flacon et attendez une heure avant de le mettre à stériliser. Cette macération directe dans le bocal, pourtant courte, développe le parfum du fruit, et celui-ci s'imprégnant de sucre avant la cuisson est plus savoureux.

Pour les flacons à fermetures hermétiques donnez une heure et demie de cuisson et ne les laissez pas refroidir dans le bain; pour ceux du bouchage pneumatique désoxygéner à 80 *degrés, chauffez cinq minutes, arrêtez le feu et laissez refroidir dans le bain.*

Après la cuisson, les flacons coniques en verre taillé

peuvent être retournés ; de cette façon, la tête de l'Ananas n'appuyant pas au verre reste intacte. Ne craignez nullement pour le contenu ainsi renversé et en contact direct avec la matière du couvercle, car les flacons du Bouchage pneumatique peuvent impunément être retournés.

CHAPITRE VIII

LES BANANES

I. Choix des Bananes. || II. Épluchage des Bananes. || III. Mise en flacons.

Il y a seulement quelque vingt ans, la Banane paraissait sur les tables comme une curiosité parmi nos fruits. Sa consommation s'est tellement vulgarisée, qu'elle semble être maintenant de nos pays, et c'est justice lui rendre, car c'est un fruit sain, nutritif et délicieux.

C'est, vous le savez, un fruit allongé un peu arqué en faucille, disposé en couronne autour de la tige de l'inflorescence, réunion nommée régime. Sous l'enveloppe, la chair onctueuse et parfumée de même forme, se détache sans difficulté.

La facilité de se procurer des Bananes dans les villes n'inciterait guère à en conserver, si comme pour l'Ananas il n'était agréable d'en avoir constamment à la campagne dans les familles qui l'apprécient. Dans ce dernier cas, préparez donc les Bananes en Conserve à la façon des Poires, Prunes, Fraises.

SUCCESSION DES OPÉRATIONS. — Prenez des Bananes mûres jaune-doré ou la petite espèce verte. Pelez les fruits, mettez en flacons, mouillez de sirop de sucre. Bouchez et ébullitionnez.

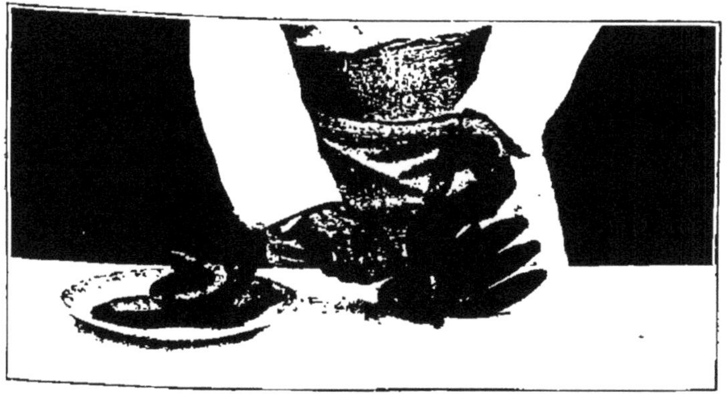

FIG. 35, 36, 37, 38. — SECTIONNEZ, ÉPLUCHEZ ET METTEZ LES BANANES EN FLACONS.

Aussitôt les Bananes détachées du régime, épluchez-les, soulevez un lambeau d'écorce et dégagez la chair. Disposez-les en flacons en mettant la partie incurvée à l'intérieur, puis mouillez de sirop de sucre.

FIG. 39. — COUPEZ LE PÉDONCULE DES CERISES.

Au fur et à mesure que vous triez les Cerises, coupez le pédoncule de chacune d'elles avec les ciseaux; laissez-lui environ deux centimètres; l'aspect de la préparation y gagne beaucoup.

LES BANANES

I. — CHOIX DES BANANES.

Au Printemps et au début de l'Automne les Bananes se vendent aux prix les plus bas, c'est donc le moment de les conserver pour cette raison d'abord ; ensuite, parce qu'elles se présentent dans les meilleures conditions de maturité. Les expéditions du Printemps n'ayant pas eu encore à souffrir de la chaleur de l'Été, celles du début de l'Automne des froids rigoureux, les fruits arrivent dans de bonnes conditions, bien qu'il me paraisse difficile de goûter ce fruit avec toutes ses qualités pour la raison très simple qu'il est cueilli avant sa maturité pour nous parvenir à point.

Le choix des Bananes demande un peu d'observation, parce que les fruits trop mûrs ou gelés ont perdu la plus grande partie de leur valeur marchande, et par conséquent, leur parfum ; les fruits peu mûrs manquent aussi de saveur. Achetez les Bananes plutôt attachées au régime que déjà sectionnées. Mais, comment reconnaître le bon fruit du médiocre ?

J'avoue qu'il est un peu difficile d'apprécier la qualité d'une Banane avant de l'avoir goûtée , car il existe plusieurs sortes de fruits sur les marchés et chez les primeuristes : des jaunes pâles, de très blonds, des jaunes intenses et au printemps des verts. Les fruits blonds sont en général fades et sans goût, ne les achetez pas.

Les jaunes pâles sont déjà d'une qualité supérieure, mais ne sont pas très parfumés.

Les jaunes-dorés sont parfumés à point, nullement pâteux, et le plus souvent les fruits sont lourds et épais.

Les fruits verts du printemps, de taille un peu plus réduite que les jaunes et les dorés, leur sont infiniment supérieurs comme parfum, saveur et délicatesse de pulpe, je vous les recommande tout spécialement.

L'enveloppe doit être lisse, luisante et fine, uniformément colorée sans taches noirâtres, roussâtres qui indiquent un commencement de pourriture, et peuvent déjà avoir atteint la pulpe. Ne prenez jamais un fruit mou, fléchissant sous le doigt ; assurez-vous aussi que l'extrémité du court pédoncule n'est pas noire également, cette pourriture aurait certainement déjà gagné la chair. Prenez les Bananes de grosseur égale, les moyennes sont généralement les meilleures dans les jaunes.

II. — ÉPLUCHAGE DES BANANES.

Saisissez les Bananes par le milieu sans trop les serrer et placez les deux premiers doigts de la main gauche sur ses côtés extérieurs, la face incurvée au-dessous. Mettez au dehors la partie sectionnée — ou pédoncule — et commencez l'épluchage de ce point. Soulevez un lambeau de peau assez large, appuyez-le sur le couteau et soutenez-le avec l'index, tirez vers vous de façon que la peau s'enlève entièrement jusqu'à l'extrémité, sans rien laisser après elle ni entamer la chair. Cette première langue d'écorce enlevée, recommencez à nouveau au point de départ, soulevez-en une seconde, une troisième, ou mieux, si le fruit est de bonne qualité et mûr à point, après la deuxième bande d'écorce vous pouvez, en plaçant une main à chaque extrémité et en exerçant une presssion extérieure sur la peau seule, forcer la Banane à se dégager sans aucune aide.

Si vous avez des fruits trop mûrs parmi les Bananes, n'employez pas cette manière de faire, car la chair se briserait au milieu ou de place en place. Ne mélangez donc pas celles-ci aux Bananes mûres à point, consommez-les plutôt fraîches : frites au beurre ou confites dans un sirop léger relevé de kirsch. Une Banane excellente est uniformément ambrée ; la chair bien agglomérée est à la fois fine et ferme.

III. — MISE EN FLACONS.

Au fur et à mesure de l'épluchage des fruits, mettez les Bananes sur une assiette ; aussitôt celui-ci terminé, commencez la mise en flacons.

Servez-vous des flacons cylindriques dans lesquels vous disposez les Bananes verticalement en procédant ainsi : introduisez-les une à une, la pointe en bas, et mettez la partie incurvée à l'intérieur. Lorsque vous en avez placé trois ou quatre, maintenez-les légèrement pour glisser les dernières, puis mouillez de sirop de sucre chaud versé doucement pour qu'il s'introduise entre les Bananes sans se répandre. Laissez à la partie supérieure du flacon un vide de 2 centimètres environ. *Bouchez, stérilisez le même temps que pour les Abricots en oreillons.*

Cette préparation est rapidement faite et vous la trouverez exquise pour les soufflés, les puddings, voire même pour les beignets.

CHAPITRE IX

LES CERISES

I. Variétés et choix des fruits. || II. Deux opérations simultanées. || III. Cerises sans pédoncules. || IV. Cerises sans noyaux.

La Cerise en Conserve constitue une préparation excellente et précieuse, parce qu'elle garde son goût exquis et sa couleur, c'est également une des plus économiques.

La saison des Cerises commence en Juin pour les variétés hâtives et se termine en Septembre-Octobre pour les variétés tardives, donnant à chaque maîtresse de maison la faculté de cueillir et de conserver au fur et à mesure de leur maturité les variétés mûrissant au jardin; d'en composer, dénoyautées, d'exquises compotes peu sucrées pour la pâtisserie, ou de les préparer au sirop de sucre pour les desserts et les entremets. En remplaçant le sirop de sucre par le sirop de jus de fruits (Chap. IV, § 6) vous aurez des Conserves plus fines.

Il existe deux manières de préparer les Cerises au sirop : avec et sans leur queue, cette première considérée comme la plus soignée.

SUCCESSION DES OPÉRATIONS. — Prenez des fruits mûrs à point, mais fermes. Triez-les, conservez-leur 2 centimètres de queue ou supprimez celle-ci totalement. Mouillez de sirop à 28 degrés. Bouchez et stérilisez.

LES CERISES

I. — VARIÉTÉS ET CHOIX DES FRUITS.

Les variétés de Cerises sont nombreuses, et le plus souvent vous trouvez au jardin les *Cerises anglaises hâtives* très colorées, les *Montmorency* à courte queue ou *Belle de Sauvigny* qui sont surtout utilisées à l'eau-de-vie, la *Royale de Hollande*, gros fruit à peau cassante rouge-brun, les gros *Bigarreaux noirs*, *rouges*, ceux en forme de cœur, les *Merises blanches*, etc.

Les plus hâtives sont les Cerises anglaises, la variété *Belle de Choisy* mûrit également ses fruits en Juin, après viennent la *Montmorency*, la *Royale*, la *Reine-Hortense*, etc. Toutes ces sortes sont à conserver séparément bien entendu, car chacune possède un goût différent.

Prenez les Cerises mûres à point, plus elles le sont, plus exquise est la Conserve. Cueillez-les le matin, alors que le soleil ne les a pas encore chauffées, sans distinction de grosseur, vous ferez le tri après ; la cueillette est ainsi plus rapidement terminée. Déposez les Cerises au fur et à mesure de la cueillette, dans des paniers capitonnés de feuilles de Vigne, de Choux, etc., comme nous l'avons indiqué Chap. II, § 2.

Les averses de l'été ont sur les Cerises de déplorables effets ; sous l'action de l'eau les Cerises éclatent, les vents en les faisant cogner aux branches en tachent ou froissent quelques-unes ; prenez donc le moins possible de ces fruits touchés. La cueillette terminée, mettez les fruits à la cave afin de rafraîchir les Cerises et de les mieux conserver jusqu'à l'heure de leur préparation. Quelques variétés de Cerises tournent parfois rapidement, aussitôt cueillies, si le temps est orageux ; dans ce cas, préparez-les sans tarder.

Si vous achetez les Cerises, soyez très exigente quant à leur fraîcheur. Prenez exclusivement les fruits sains et luisants ne laissant pas après les mains, en les touchant, la sensation d'une matière poisseuse. Surtout, bannissez les Cerises ternes ou passées qui n'ont plus aucun goût. Vous pouvez également vous faire expédier les fruits, mais dans ce cas, prévoyez un déchet, l'emballage et l'expédition, même faits dans les meilleures conditions, abîmant presque toujours quelque peu les fruits.

II. — DEUX OPÉRATIONS SIMULTANÉES.

La toilette des fruits n'est pas très compliquée, à condition de les toucher le moins possible pour ne pas les froisser. Procédez donc simultanément au triage et au raccourcissement des queues, parfois même à leur mise directe en flacons. Attachez-vous à faire vite et à ne pas compliquer.

Prenez les fruits un à un, examinez-les minutieusement et rejetez ceux qui portent des piqûres : atteintes de grêle, coups de bec des oiseaux ; acceptez seulement ceux dont l'épiderme est exempt de taches, de souillures, de déchirures ou craquelures.

En même temps que vous opérez votre choix, sectionnez le pédoncule à l'aide de bons ciseaux, à environ 2 centimètres de son point d'attache ; placez les fruits au fur et à mesure dans le vulgaire panier à salade s'il vous faut les laver. Dans le cas contraire, mettez-les directement en flacons ou par séries de plusieurs.

Ne lavez pas les Cerises cueillies au jardin, à moins qu'elles ne soient souillées, car vous savez dans quelles conditions elles ont été manipulées; si vous les achetez, il est prudent de les laver par simple immersion.

Le panier à salade constitue un panier-laveur de premier ordre, et le plus expéditif, puisqu'il suffit de lui faire effectuer des plongées successives pour que les Cerises se trouvent nettoyées. Laissez les fruits lavés égoutter quelques instants dans le panier à salade et effectuez ensuite la mise en flacons.

Préférez les flacons de capacité moyenne, un litre, un demi-litre pour les flacons à fermetures hermétiques et pneumatique. Introduisez les Cerises par petite quantité et tassez-les, non pas à la main, ce qui les écraserait, mais en frappant doucement le flacon incliné sur un côté sur la table recouverte d'un torchon plié en quatre, afin d'éviter le bris du verre en cas de choc plus brusque ; les fruits se placent ainsi mieux. Remplissez les flacons jusqu'au col, ajoutez du sirop de sucre à 28 degrés, en laissant un vide de 3 centimètres environ. Vous pouvez également remplacer ce sirop assez concentré par un plus léger (18 à 20 degrés), dans lequel les Cerises gardent mieux leur goût.

Bouchez, stérilisez une demi-heure pour les litres, vingt minutes pour les demi-litres des bouchages hermétiques et ne les laissez pas refroidir dans le bain ; pour les bocaux du système pneumatique, désoxygénez jusqu'à 80 degrés, pincez les tétons, chauffez deux minutes, arrêtez le feu et laissez refroidir dans le bain.

III. — CERISES SANS PÉDONCULES.

Bien que je préfère conserver une partie des queues aux Cerises, vous avez la faculté de les supprimer totalement et de les préparer ensuite comme les précédentes.

SUCCESSION DES OPÉRATIONS. — Enlevez les queues

sans endommager la chair, mettez en flacons, mouillez de sirop de sucre. Bouchez et stérilisez.

La chair des Cerises, l'épiderme tendu — tel un ballon — lorsque le fruit est mûr à point, ont vite fait d'éclater au cours d'une manipulation défectueuse. Par conséquent, prenez quelques précautions pour enlever le pédoncule des Cerises. Au lieu de serrer le fruit entre les doigts, car la pression de ceux-ci se complique, pour enlever le pédoncule, d'un mouvement un peu brusque tirant à la fois l'épiderme et la chair. Faites seulement reposer la Cerise entre les deux premiers doigts de la main gauche, de façon qu'ils la soutiennent ; tournez sèchement le pédoncule entre les mêmes doigts de l'autre main *au lieu de le tirer*, il se détache aussitôt sans causer le moindre dommage.

Mettez les Cerises équeutées en flacons comme les autres, mouillez de sirop de sucre chaud titrant le même degré ; bouchez et stérilisez le temps déjà indiqué pour les Cerises entières.

IV. — CERISES SANS NOYAUX.

Si quelques-uns de vos flacons de Cerises sont destinés aux pâtisseries, entremets, préparez-les sans noyaux. Il existe aussi deux façons de les conserver : 1° au naturel ou à l'eau ; 2° au sirop léger.

Préférez les Cerises au sirop léger à celles conservées à l'eau.

SUCCESSION DES OPÉRATIONS : CERISES A L'EAU. — *Même préparation que les Cerises sans noyau.*

CERISES SANS NOYAUX. — *Enlevez le pédoncule puis le noyau, mettez en flacons, mouillez de sirop de sucre. Bouchez et stérilisez.*

FIG. 40 A 42. — CERISES SANS PÉDONCULES, ÉPLUCHAGE, MISE EN FLACONS.
N'enlevez pas le pédoncule en tirant sur la chair, tournez le fruit et procédez à sa mise directe en flacons, ou seulement après que tous les fruits ont leur pédoncule enlevé. Mouillez de sirop de sucre.

FIG. 43, 44, 45. — BLANCHIMENT, RAFRAICHISSAGE ET STÉRILISATION SANS CUISSON.

Au fur et à mesure du blanchiment, rafraîchissez les Figues à l'eau courante et glissez en flacons d'un litre ; surveillez les premières mises de fruits pour que le bocal soit bien rempli.

LES CERISES

Effectuez le choix des fruits et la suppression des queues, ainsi que nous vous l'avons indiqué dans les paragraphes ci-dessus. Procédez ensuite à l'enlèvement des noyaux à l'aide d'un petit dispositif faisant office de chasse-noyau, infiniment préférable à la pointe du couteau ; il vous évite aussi le léger pressage du fruit.

Confectionnez ce dénoyauteur avec un double fil de

Petit dénoyauteur fait d'un double fil de fer recourbé dont les deux bouts sont enfoncés dans un manche en bois ou dans un bouchon.

fer recourbé, enfoncé dans un manche quelconque, un bouchon même. Le bec formé par le fil de fer produit dans la Cerise une incision nette et ramène le noyau sans trop déchirer la chair. Le simple crochet à tricoter en os, un bout de laiton dont vous courbez une extrémité en crochet peuvent également servir au même usage.

Voici comment je vous conseille d'enlever le noyau : roulez d'abord la Cerise légèrement entre les deux premiers doigts de la main gauche, ce qui a pour effet d'en détacher la chair, et enlevez la queue ; parfois le noyau vient avec, surtout lorsque les fruits sont bien à point. Cela fait, enfoncez le dénoyauteur ou chasse-noyau immédiatement à la place du pédoncule, non pas jusqu'à la base du fruit, vous risqueriez fort de le perforer. Suivez avec le chasse-noyau le trajet du noyau, et dès que vous sentez la base, attrapez-la dans la boucle formée par les deux branches du dénoyauteur. Tirez en hauteur, et le noyau sort sans pulpe et sans éclater le fruit.

Au fur et à mesure que vous enlevez les noyaux, déposez les fruits dans une jatte permettant de recueillir le jus des Cerises qui s'échappe. Mettez ensuite en flacons, répartissez le jus des fruits dans chacun d'eux, mouillez de sirop de sucre chaud dilué, dans la proportion de 2 verres de sirop titrant 28 degrés pour un demi-litre d'eau. Versez jusqu'aux cinq sixièmes des flacons, bouchez, stérilisez le même temps que les préparations précédentes.

Les Conserves de Cerises constituent des provisions exquises que vous pouvez réaliser à peu de frais ; je vous les conseille vivement, car ce sont des compotes toutes faites invariablement appréciées, le fruit gardant ainsi tout son jus, et le léger arôme que lui donne le noyau le rend plus agréable encore.

CHAPITRE X

LES FIGUES

I. Quels fruits choisir. || II. La toilette des fruits. || III. Blanchissez les Figues. || IV. Cuisson sans stérilisation.

Les Figues fraîches, fort agréables à goûter lorsqu'elles sont à point, bien sucrées et savoureuses, ont des partisans convaincus. Si vous voulez en avoir l'hiver d'exquisement parfumées, ayant conservé leur goût naturel, leur belle couleur violet foncé et leur taille intacte, traitez-les comme les Pêches et les Reines-Claude, Chap. xvii et xxi, xxii, en les cuisant dans un sirop de sucre, sans avoir recours à la stérilisation; ou si vous préférez abréger et simplifier la préparation conservez-les comme les Abricots, Chap. vi.

On vante la Confiture de Figues à juste titre; mais je n'ai pas connaissance que l'on ait jamais essayé d'en conserver entières au sirop. Pourtant, cette préparation n'offre en somme aucune difficulté, le fruit n'étant pas fragile. Sa saveur ne peut être comparée avec la confiture, bien que cette dernière soit exquise lorsqu'elle est réussie. Les Figues entières lui sont donc supérieures en finesse et font un dessert très appétissant, d'un aspect agréable. Joignez à cela leurs qualités rafraîchissantes très réputées, qu'elles conservent intactes, et vous jugerez avec moi qu'il est très agréable d'ajouter aux Confitures classiques et aux desserts plus choisis que constituent les fruits entiers conservés au sirop, quelques préparations, un peu spéciales sans doute, mais trop peu répandues.

C'est principalement dans les centres méridionaux, où ce fruit mûrit bien et où il vient en abondance, qu'il est intéressant de faire des Conserves, encore qu'elles soient possibles partout, puisque les Figues apparaissent belles et fraîches sur les marchés du Nord.

SUCCESSION DES OPÉRATIONS. — Prenez des fruits moyens. Essuyez-les, coupez la partie supérieure et piquez le fruit. Blanchissez, rafraîchissez, égouttez. Faites le sirop de sucre, cuisez les fruits, mettez en flacon, donnez une nouvelle ébullition au sirop et bouchez sans stériliser.

I. — QUELS FRUITS CHOISIR?

Prenez les Figues plutôt fermes et pleines que molles et vides sous la pression des doigts. Choisissez celles de teinte uniformément violacée, et préférez les fruits de moyenne grosseur aux Figues énormes; mais ne tombez pas dans l'excès contraire en ne prenant que les très petites.

Délaissez les Figues ridées à chair flasque, de même que celles mûres à point, dont l'épiderme est démesurément tendu et mince, la chaleur du foyer aurait vite fait de les faire éclater. Vous savez aussi que la pruine qui recouvre les fruits est un cachet de garantie, et qu'elle indique la fraîcheur des fruits; rappelez-vous donc ce conseil, si vous devez les acheter.

Lorsque ces fruits ne mûrissent pas au jardin et que vous redoutez leur achat chez les primeuristes, vous pouvez vous faire expédier celles-ci. Les Figues, plus rustiques que les Fraises, supportent fort bien un voyage, à la condition qu'elles aient été cueillies avant maturité complète et dans d'excellentes conditions, puis emballées soigneusement dans des fibres de bois ou de papier de soie, ainsi vous les avez avec toutes leurs qualités.

II. — LA TOILETTE DES FRUITS.

Ne lavez pas les Figues; essuyez-les seulement minutieusement avec un torchon de cuisine très souple et très propre aussi, afin de les débarrasser des corps étrangers et par conséquent malpropres qui peuvent les recouvrir.

Vos Figues maintenant essuyées sont devenues plus brillantes, car la pruine a été en partie enlevée. Rafraîchissez alors la partie supérieure du fruit, qui se termine par un bourrelet dur et ligneux, sorte d'attache l'unissant à la branche.

Enlevez seulement une pellicule de 1 centimètre environ, et le suc âcre du fruit s'échappe aussitôt. Servez-vous pour cela, préférablement à tout autre, d'un couteau à lame d'argent, car ce suc tache profondément. Cela fait, piquez les fruits avant le blanchiment, afin que la chaleur, en les pénétrant, détruise leur âcreté et les force à rejeter l'eau de végétation.

Piquez donc successivement six à huit fois la base des grosses Figues avec une longue aiguille fine ; faites-la pénétrer environ jusqu'au milieu du fruit, vous gardant de le perforer du part en part; cinq ou six piqûres, échelonnées autour de la périphérie, suffisent pour les fruits moyens. Blanchissez alors les Figues; servez-vous pour cela d'une bassine en cuivre dans laquelle vous mettez une hauteur de 20 à 25 centimètres d'eau.

III. — BLANCHISSEZ LES FIGUES.

Glissez doucement dans ce bain tous les fruits et commencez à chauffer à feu très doux. Au bout de dix minutes, donnez plus de chaleur et surveillez bien la température du liquide. Les Figues, qui avaient gagné le fond de la bassine, se soulèvent peu à peu, à mesure que le degré de chaleur augmente.

Quand elles flottent à la partie supérieure, l'eau est bien près d'atteindre le point d'ébullition ; ne l'attendez pas. Au contraire, dès cet instant, levez les fruits avec l'écumoire, rafraîchissez-les à l'eau courante, et plongez-les dans un récipient rempli d'eau froide préalablement préparé et placé sous le robinet ouvert.

Cette manière — si vous pouvez l'employer — est préférable à plusieurs changements d'eau, car, sous l'effet de ce bain glacé, renouvelé sans interruption, les fruits recouvrent leur turgescence première, que l'ébullition avait atténuée.

Prolongez cette douche pendant dix à quinze minutes; puis, quand ce temps est écoulé, dressez à nouveau les Figues.

Étendez une serviette sur la table de cuisine; posez sur cette serviette un torchon plié donnant quatre épaisseurs, — à la fois très épais et très spongieux — de façon qu'il absorbe vite l'eau dont les fruits sont recouverts et qui ruisselle en grosses gouttes.

Plongez dans le récipient avec l'écumoire à fruits et retirez à chaque levée quatre à six Figues. Étalez-les sur un torchon plié et laissez-les ainsi se ressuyer pendant dix minutes.

Durant le rafraîchissage des fruits, faites le sirop de

sucre à chaud. Employez pour cela 1 kilogramme de sucre pour 1 kilogramme de fruits, et gardez la bassine sur le feu. Quand le sirop est au degré nécessaire, qu'il fait « la perle » dans l'eau, plongez-y lentement les Figues, le plus près possible de la surface du liquide, ou encore glissez-les avec l'écumoire ; de cette façon, il est impossible qu'elles se crèvent ou endommagent seulement leur épiderme.

IV. — CUISSON SANS STÉRILISATION.

Lorsque le sirop de sucre entre à nouveau en ébullition, comptez dix minutes de cuisson pour les Figues et retournez-les doucement, afin que toute leur surface cuise uniformément. Réglez le feu de telle sorte que le sirop ne s'évapore pas trop, et suivant l'état de maturité des Figues, vérifiez la cuisson après cinq minutes. Assurez-vous si les Figues sont cuites à point en les piquant avec une aiguille ou avec les dents d'une fourchette. La Figue doit pouvoir être traversée de part en part, mais en opposant toutefois une résistance légère à la pénétration de l'aiguille.

Cette constatation terminée, écumez puis réglez le feu, et préparez-vous à mettre les fruits en bocaux, préférez les plus pratiques, litres, demi-litres pour les formes cylindriques ou coniques dénommées flacons à fruits.

Dressez-les par quatre avec l'écumoire en les étalant régulièrement sur deux rangs avec une fourchette, pour qu'en une seule fois les Figues se placent d'elles-mêmes dans le bocal.

Par exemple, ne jetez pas les premières du haut du bocal ; vous risqueriez de les détériorer ; au contraire, inclinez celui-ci et posez l'extrémité de l'écumoire dans l'ouverture ; soulevez-la de manière à faire pénétrer successivement les fruits et frappez le coin du bocal sur la table. De cette façon, les Figues se placent sans aucun secours, c'est donc un procédé plus rapide et aussi plus parfait que l'introduction individuelle des fruits dans le bocal. Si vous ne parvenez pas à bien les disposer par couches de 4, 5 ou 6, suivant leur grosseur, aidez-vous de la batte en bois.

Continuez ainsi jusqu'à environ la moitié de la hauteur des bocaux ; mais, à ce point, ne vous astreignez plus à l'inclinaison de celui-ci, laissez les fruits glisser doucement depuis le haut. Comptez qu'il entre environ une vingtaine de Figues dans un bocal d'un litre.

Il n'est pas indispensable de soumettre les bocaux de Figues ainsi préparés à l'ébullition ; mais, pour cela, faites subir une nouvelle ébullition au sirop resté dans la bassine, afin de lui faire regagner son degré initial, et versez-le bouillant sur les Figues pour que le couvercle soit parfaitement soudé au bocal, aussi bien que s'il avait subi une ébullition prolongée.

Pour opérer en toute sécurité, laissez le sirop bouillir dix minutes à feu modéré. Cela fait, versez dans une casserole en nickel ou en cuivre, non étamé, la quantité de sirop de sucre que vous prévoyez suffisante pour combler un bocal. Faites bouillir alors à gros bouillons, versez prestement dans le bocal en laissant un vide très minime, un demi-centimètre environ. Posez le caoutchouc préalablement si celui-ci est indépendant, et, tandis que vous achevez de verser le sirop d'une main sûre, de l'autre posez le couvercle, ensuite le ressort, de façon que le tout soit fermé en deux fois moins de temps qu'il faut pour le lire.

Vous pouvez être assurée d'une herméticité parfaite en suivant de point en point ces indications ; mais, si parfois

FIG. 46. — BONNE MANIÈRE DE TASSER LES FRUITS.
Pour éviter les vides entre les fruits qui perchent les uns au-dessus des autres, trois ou quatre fois au cours du remplissage du flacon, inclinez celui-ci sur un côté et frappez doucement.

FIG. 47, 48, 49. — AVANT ET APRÈS LA STÉRILISATION.
La distinction entre un bocal stérilisé et un autre qui ne l'est pas, est vite faite. Le bocal stérilisé a le couvercle incurvé, rentré à l'intérieur; tandis que celui qui ne l'est pas est absolument plat.

FIG. 50. — ÉPLUCHEZ LES FRAMBOISES.

Tenez le fruit le plus près possible du pédoncule pour ne pas l'écraser ou le diviser ; tirez-le en tournant et il se détache seul entraînant avec lui le cône de chair blanc très charnu.

FIG. 51. — VERSEZ LE SIROP DE SUCRE.

Si vous voulez que votre préparation soit plus savoureuse, employez le sirop de jus de fruits et remplissez le flacon comme vous l'avez fait pour les Fraises et le ferez pour les Groseilles.

vous aviez manqué de célérité, ne vous découragez pas ; au deuxième bouchage de flacon, vous aurez acquis plus d'expérience. Et, si même le lendemain vous constatez que l'un d'eux n'est pas fermé, faites simplement bouillir et versez le sirop à nouveau, puis bouchez prestement.

Les Figues conservées ainsi et saturées à point de sirop de sucre, sont très savoureuses parce qu'elles gardent leur parfum naturel. Préparées au sirop sans blanchiment et cuisson préalables, elles ont moins de finesse ; mais leur préparation est plus expéditive.

Vous pouvez encore terminer la préparation des *Figues au sirop* de la manière suivante : aussitôt que les Figues sont égouttées, mettez-les dans un sirop de sucre, à 28 degrés, chauffez jusqu'à l'ébullition, laissez refroidir, *mettez en flacons, mouillez de sirop, bouchez, désoxygénez jusqu'à 80 degrés, pincez les tétons, chauffez deux minutes, arrêtez le feu et laissez refroidir dans le bain. Pour les flacons à fermetures hermétiques ébullitionnez une heure pour les litres, trois quarts d'heure pour les demi-litres et ne les laissez pas refroidir dans le bain.*

CHAPITRE XI

LES FRAISES ET LES FRAMBOISES

I. Pourquoi les Fraises sont peu conservées. || II. Variétés que vous pouvez conserver. || III. Cueillez le matin les fruits mûrs a point. || IV. Comment éplucher les Fraises. || V. Lavez les fruits d'une propreté douteuse. || VI. Fraises au sirop stérilisées. || VII. Fraises conservées sans stérilisation. || VIII. Fraises au vin de Sauterne. || IX. Mettez en flacons et cuisez. || X. Framboises au sirop. || XI. Cueillez et épluchez les Framboises.

La Conserve de Fraises est, sans contredit, une des préparations les plus fines et des plus savoureuses lorsqu'elle est bien réussie. Ces fruits, préparés entiers au sirop, constituent un dessert exquis, ils peuvent en outre servir de garniture aux tartes et à une foule d'entremets.

J'ajouterai à cette Conserve classique, la préparation nouvelle des Fraises au vin de Sauterne ainsi que celle peu connue de la Mousse de Fraises pour les glaces et les sorbets, et vous pourrez ainsi conserver les unes et les autres.

I. — POURQUOI LES FRAISES SONT PEU CONSERVÉES.

Une des principales raisons pour lesquelles les Conserves de Fraises sont peu répandues, si l'on considère l'abondance de ces fruits au moment de la production, tient toute dans l'altération de forme et de couleur que subissent les Fraises pendant et après la conservation. Ne les traitez donc pas comme les autres Fruits ; car, dix fois sur douze, la cuisson serait trop poussée, et les fruits se présenteraient alors après l'ébullition : pâles, décolorés, peu séduisants d'aspect, inférieurs aux fruits frais sous tous les rapports. Or, dans ce cas, le parfum a disparu ; fruits et sirop ont le goût de trop cuit que rien n'est capable d'atténuer, et l'ajouté d'un parfum au sirop n'est qu'un fâcheux palliatif.

Pour réussir, préférez les variétés de fruits à chair ferme; cueillez les Fraises mûres à point et employez un système de bouchage réduisant la durée de cuisson au minimum de temps. Les opérations sont différentes selon que vous utilisez le bouchage pneumatique (à échappement d'air) ou les bouchages hermétiques.

SUCCESSION DES OPÉRATIONS. — (Bouchage pneumatique). — Epluchez les Fraises, mettez-les en flacons, mouillez de sirop, bouchez et stérilisez (Bouchages hermétiques). Mettez les fruits épluchés dans une terrine ; recouvrez-les de sirop de sucre chaud et laissez macérer trois à quatre heures. Enlevez-les, faites chauffer le sirop et renversez-le sur les Fraises ; enlevez-les de nouveau ; mettez-les dans le sirop sur le feu, puis en flacons.

II. — VARIÉTÉS QUE VOUS POUVEZ CONSERVER.

Les variétés de Fraises sont nombreuses, mais nous vous conseillons de ne conserver sous cette forme que celles à fruits gros et moyens (les petites Fraises des quatre saisons perdent leur couleur en cuisant et prennent un goût d'amertume). La meilleure variété du commerce est la Fraise *Vicomtesse Héricart de Thury*, la « Ricart ». En raison de son parfum très prononcé qu'aucune autre ne possède, son coloris rouge frais, sa taille régulière de grosseur moyenne, sa forme agréable, sa chair ferme, résistante et tassée en font le fruit de conserve par excellence.

Si vous cultivez cette variété, sachez qu'elle est moins productive que maintes autres sortes d'obtention plus récente. Pour cette raison, et parce qu'on préfère « la Ricart », elle vaut toujours o fr. 20 à o fr. 40 le kilogramme de plus que les autres sur les marchés ; encore est-elle souvent mélangée.

A défaut de cette variété, mettez en Conserves les : *Wonderfull*, *Édouard Lefort*, *Royal Sovereing*, *Monseigneur Fournier*, *Duc de Malakoff*, *Souvenir de Bossuet*, *Princesse Dagmar*, *les Caprons*, *Docteur Morère*, *Marguerite Lebreton* ; ces Fraises sont généralement trop grosses, aussi est-il nécessaire de choisir les fruits moyens ; *Président Carnot*, *Highland Mary*, *Newton Seedling*, *Jubilée* ont des qualités supérieures. *Sabner*, *Alphonse XIII*, *Helvetia*, *Gweniver*, *Deutsch-Evern*, *Roi Humbert*, *Belle Alliance* peuvent également convenir. Essayez aussi toutes les variétés que vous pouvez posséder et même celles des premières cueillettes de Fraisiers remontants à gros fruits, telles : *Saint-Joseph* et ses dérivés, *Saint-Antoine*, *La Perle rouge*, *Madame Bottero*, *et Merveille de France*.

III. — CUEILLEZ LE MATIN LES FRUITS MURS A POINT.

La Fraise est avec la Pêche le fruit le plus fragile ; elle passe plus rapidement encore que cette dernière ; elle « tourne », « fermente » et, parvenue à ce point, est inutilisable. La chaleur lourde lui est préjudiciable et la détruit complètement ; il est donc indispensable de la cueillir dans les meilleures conditions possibles.

Effectuez de préférence la cueillette des Fraises par un temps sec, le matin, lorsque la rosée est « ressuyée », les fruits ne sont pas souillés et conservent leur turgescence ; alors que le soleil les fatigue et les sèche. Pour la cueillette, utilisez des corbeilles plates ou des paniers peu profonds, afin qu'elles se tassent moins et restent fraîches plus longtemps, si vous préparez seulement les Conserves six ou sept heures après la cueillette. Garnissez-les de feuilles vertes et fraîches : feuilles de choux, de laitue, de vigne, de mûrier, etc., ainsi que nous vous l'avons indiqué Chap. II, et commencez à cueillir.

Choisissez préférablement les fruits uniformément rouges luisants, très éclatants, francs et vifs, sur toutes leurs faces. Quand le rouge tourne au vineux, au violet, le fruit est grillé par le soleil ou trop mûr et, par conséquent, n'est plus bon à utiliser. La Fraise bien à point est ferme, et son parfum est pénétrant, celle qui ne l'est plus est inodore.

Prenez les fruits moyens ; un choix régulier et homogène est beaucoup plus agréable qu'un mélange de trois catégories : fine, moyenne et grosse. Dédaignez les petits fruits qui n'ont pas de sucre ; délaissez ceux maculés de terre, car il est bien souvent impossible de l'enlever des alvéoles, et rien n'est plus désagréable que de sentir sous les dents d'infimes parcelles de terre. Le lavage à l'eau courante qui en aurait raison abîme toujours les fruits et nuit aux Fraises. Ne prenez pas non plus celles attaquées par les insectes ou les limaces friandes : il faut des fruits absolument sains et bien mûrs.

Du reste, le plus petit nettoyage déforme les Fraises et

il les faut absolument entières. Coupez le pédoncule avec les doigts et placez chaque fruit dans le panier ou la clayette et manipulez-les le moins possible. Sous prétexte de parfaire leur maturité, ne laissez jamais les Fraises au soleil ou dans un endroit surchauffé, une fois cueillies elles ont vite fait de passer. Descendez plutôt les paniers à la cave ou dans un cellier, et ne les sortez qu'au moment de leur préparation.

En ville, lorsqu'il convient d'acheter des Fraises sur les marchés, aux primeuristes ou dans les maisons d'approvisionnement, veillez à la fraîcheur du produit. Choisissez des Fraises franchement colorées, bien luisantes, très propres, c'est l'indice le plus sûr : ellessont fraîchement cueillies.

Quand le fruit est flétri, il est pâle, semble recouvert d'un voile grisâtre et terne. Sa fermeté s'en est allée avec son parfum ; la collerette verte est fanée et la coupure du pédoncule est d'une vilaine couleur brune. Défiez-vous de tels fruits, qui ne vous donneraient que des déboires.

Si, étant en ville, les Fraises vous sont expédiées de votre propriété, recommandez qu'elles soient cueillies directement dans les paniers d'expédition, le matin ; que ceux-ci soient aussitôt mis à la cave pour être expédiés par le premier train de la soirée, afin que vous les receviez le lendemain matin au plus tard. Si le trajet est trop long pour cela, renoncez à cet envoi direct. Je le répète encore, dans tous les cas, préparez les Fraises aussitôt achetées, cueillies ou reçues ; car elles se fanent vite et perdent leurs qualités si vous les conservez au delà du terme de maturité, mais si vous devez les faire attendre quelques heures, descendez les paniers dans un local frais.

Au sujet de la fraîcheur des Fraises, je transcris ce conseil que j'ai lu il y a quelques années, mais que je n'ai pas expérimenté.

« Pour tenir les Fraises fraîches pendant deux ou trois jours, étalez-les en couche mince sur une claie, un tamis en osier, recouvrez de feuilles de vigne, placez ensuite ceux-ci à la cave au-dessus d'un vase contenant de l'eau froide. » Je ne vous indique cela que comme un pis-aller, les fruits préparés frais étant toujours infiniment supérieurs aux autres.

IV. COMMENT ÉPLUCHER LES FRAISES.

Détachez le calice ou collerette verte du fruit de telle façon que vous n'écrasiez pas celui-ci. Pour cela, saisissez délicatement la Fraise de la main gauche aussi près que possible du pédoncule où elle paraît présenter plus de résistance à la pression des doigts.

Avec la main droite inoccupée, pincez à la fois le pédoncule et le calice à fond ; ne tirez pas vers vous, n'appuyez pas comme sur un levier; vous déchireriez ainsi invariablement la chair de tous vos fruits. Au contraire, quand les deux premiers doigts de la main droite l'emprisonnent étroitement, d'une torsion faite d'un mouvement sec détachez-le nettement.

N'enlevez jamais le pédoncule du fruit en le tenant par le milieu ; cette manière est des plus défectueuse; les doigts à cet endroit n'ont aucune prise, et surtout pour les gros fruits moins fermes que les moyens, ils pénètrent dans la chair qu'ils meurtrissent. N'employez pas non plus cette méthode, qui consiste à détacher avec les ongles le pédoncule à son attache, directement sous la collerette verte ; cette manœuvre fatigue les doigts, vous risquez fort d'endommager les Fraises et d'enlever de la chair en les pinçant.

Si au cours de l'épluchage vous remarquez dans le panier quelques fruits tournés, jetez ceux-ci et, avec eux, ceux qui les entourent et commencent à se décolorer.

V. — LAVEZ LES FRUITS D'UNE PROPRETÉ DOUTEUSE.

Il est préférable de ne pas laver les Fraises, surtout quand les fruits viennent du jardin; ceux-ci ayant été choisis ne sont ni terreux, ni malpropres; vous évitez ainsi une manipulation qui peut être dangereuse pour la forme et le parfum des Fraises, surtout quand elle est mal faite. Par contre, si vous doutez de la propreté de ceux achetés, s'ils sont terreux, n'hésitez pas, lavez-les.

Au fur et à mesure de l'épluchage, séparez donc les fruits terreux des propres; déposez les premiers sur un tamis en crin et, l'épluchage terminé, lavez-les si vous tenez absolument à les joindre aux autres.

Pour ce lavage, remplissez d'eau un récipient dont la circonférence est assez grande pour laisser pénétrer le tamis. Plongez trois ou quatre fois le tamis dans l'eau, et, quand les Fraises baignent, relevez-le doucement; la terre tombe d'elle-même au fond du récipient s'ils ne sont pas trop malpropres.

Sous prétexte de mieux laver — ce qui est une erreur — ne faites pas couler l'eau directement sur les fruits, cet arrosage brusque vous causerait des dégâts. Effectuez seulement ce lavage au moment de plonger les Fraises dans le sirop de sucre, parce qu'il provoque leur avancement rapide.

Dans le but d'éviter des changements de récipients qui

allongent et compliquent le travail, mettez les fruits sains en flacons au fur et à mesure de l'épluchage.

VI. — FRAISES AU SIROP STÉRILISÉES.

Préférez pour ces fruits les bocaux cylindriques, plus commodes pour le placement de ceux-ci, litre et demi-litre. La « bouteille » des confiseurs est certainement plus plaisante, mais elle n'ajoute rien à la qualité de la préparation.

Le remplissage d'un flacon, pour être bien fait, demande un peu d'attention au début.

Les Fraises se perchent facilement les unes sur les autres et ont vite rempli irrégulièrement le flacon si vous n'y prenez garde. Faites en sorte que les Fraises se superposent par couche, la première recouvrant entièrement le fond du flacon; pour cela, égalisez-la en secouant un peu celui-ci afin de forcer les fruits à se placer normalement, et continuez peu à peu à le remplir au fur et à mesure de l'épluchage.

Tapez plusieurs fois le fond du flacon au cours du remplissage — sur une serviette pliée en quatre — et tenez-le incliné afin de faciliter leur placement.

Répétez plusieurs fois cette manœuvre qui vous permet ainsi d'introduire jusqu'au col du flacon environ 550 grammes de fruits dans un bocal d'un litre environ sans en écraser aucune. Mouillez de sirop de sucre cassé titrant de 28 à 30 degrés, car je ne conseille pas pour les Fraises — fruits les plus aqueux — le sirop faible; sucrées à point, elles sont bien supérieures à celles conservées dans un sirop titrant 18 à 20 degrés pourtant recommandé par quantité de personnes. Ne remplissez pas complètement le bocal pour les flacons à fermetures hermétiques;

l'inventeur recommande une ébullition de cinq minutes pour les litres, quatre minutes pour les demi-litres; mais ne laissez pas refroidir les flacons dans le bain.

Quand vous sortez les Fraises du bouilleur, si vous avez employé des flacons à fermeture hermétique, toutes ont gagné le haut du flacon ; elles sont pâlies et un peu aplaties ; mais gardent leur goût.

Pour les flacons à fermeture pneumatique, bouchez, mettez à l'autoclave ou au bouilleur, et rappelez-vous que, pour garder aux fruits leur couleur et leur jus, il est absolument indispensable de chauffer l'eau lentement; désoxygénez jusqu'à 75 degrés, pincez les tétons, laissez quelques minutes pour vérifier si l'obturation est parfaite; arrêtez le feu et laissez refroidir dans le bain.

La particularité de cette Conserve est de laisser aux fruits, en même temps que leur forme naturelle, leur parfum et leur couleur; elle fournit ainsi, non pas un dessert ordinaire, mais des compotes toutes prêtes, savoureuses et appréciées de tous.

Si vous voulez obtenir une préparation absolument fine et très fruitée, remplacez le sirop de sucre par le sirop de jus de fruits ainsi que nous vous l'avons indiqué Chap. IV, § 6.

VII. — FRAISES CONSERVÉES SANS STÉRILISATION.

Si vous possédez un matériel de bouchage hermétique, je vous conseille de préparer vos Fraises de la façon suivante, sans stérilisation, mais en les faisant préalablement macérer à deux reprises dans un sirop concentré. Les Fraises gardent ainsi leur belle apparence.

L'important est que les fruits s'imprègnent de sirop de sucre en rejetant peu à peu leur eau. Ne faites toutefois pas macérer dans un récipient en fer qui violace les fruits rouges; préférez les terrines en grès ou en faïence vernissée très pratiques. Choisissez les Fraises comme ci-dessus et mettez-les dans la terrine au fur et à mesure que vous les épluchez.

N'emplissez pas celle-ci plus qu'aux quatre cinquièmes de sa hauteur. Pour les empêcher de remonter, lorsqu'elles sont couvertes de sirop, appuyez-les avec une claie en osier ou en crin qui les force à rester dans celui-ci; un plat creux renversé chargé d'un poids : pierre ou verre, peut remplir le même office. Versez le sirop tiède, titrant 26 degrés, et laissez ainsi macérer pendant trois à quatre heures. Egouttez les fruits, chauffez à nouveau le sirop pour le renforcer et lui faire regagner son degré initial. Laissez-le refroidir un peu, et, lorsqu'il est tiède, versez-le sur les Fraises. Après une nouvelle macération de même durée, levez les fruits, égouttez-les; renforcez le sirop à 28 degrés; laissez-le refroidir quelques minutes, glissez-y les Fraises et laissez celles-ci trois minutes. Levez-les avant que l'ébullition recommence, mettez en flacons sans soins spéciaux. Pendant ce remplissage, laissez bouillir le sirop de sucre quelques minutes, dix environ. A ce point, versez-le sur les Fraises, mais assurez-vous qu'il est en pleine ébullition lorsque vous le versez dans le bocal. Suivez les conseils que nous avons donnés pour les Prunes Reines-Claude et les Figues; bouchez le plus vite possible; laissez refroidir à l'abri des courants d'air. Cette recette fort simple procure des compotes exquises.

VIII. — FRAISES AU VIN DE SAUTERNE.

Cette manière de conserver les Fraises est à peu près

inconnue et constitue un dessert exquis — un vrai dessert de gourmet, que l'on ne peut comparer avec les fruits conservés au sirop de sucre, même avec addition d'alcool.

Les Fraises au vin de Sauterne sont à la fois plus fortes, plus musquées et plus savoureuses.

Dans leur préparation, deux points sont assez remarquables et particuliers :

1° La macération des Fraises dans le sucre en poudre.

2° Le remplacement du sirop de sucre par le vin de Sauterne.

SUCCESSION DES OPÉRATIONS. — Étendez les Fraises par couches saupoudrées de sucre en poudre dans un vase profond; laissez macérer, mettez en flacons, remplissez de Sauterne et stérilisez.

Choisissez les Fraises ainsi que nous vous l'avons indiqué pour les préparations au sirop, et préférez entre toutes les variétés : la *Vicomtesse Héricart de Thury*, en raison de son parfum d'abord et de sa fermeté ensuite, ou encore une de celles déjà énumérées.

Rejetez de votre choix les Fraises maculées et terreuses, car les fruits ne doivent pas être lavés, cette humidité pourrait, par temps orageux, favoriser la fermentation, ou tout au moins atténuer le parfum des Fraises. Triez et épluchez ces fruits comme les Fraises destinées à être préparées au sirop; si cela vous est possible n'attendez pas pour les mettre macérer. Conservez-les le plus près possible de la cueillette.

Munissez-vous d'un récipient à fond large, en terre vernissée, en porcelaine ou en cristal. Comme ingrédient, ayez à votre disposition du sucre en poudre ; non pas du sucre cristallisé donnant en général un petit goût de

« fourmi » ou de « cuit » aux préparations dans lesquelles il entre, ni de sucre glace ; du vin de Sauterne de bonne qualité, cela a son importance ; un vin inférieur étant susceptible de donner de moins bons résultats, et mieux vaut ne pas essayer cette préparation que de la faire avec un vin de second choix. Le sucre joue le rôle d'isolateur, tandis que le vin parfume les fruits et fait ressortir leur saveur naturelle.

Étendez donc sur le fond de la jatte ou de la terrine une couche de Fraises très uniformément, et avec une cuiller à sucre perforée, semez en pluie fine la poudre sucrée, jusqu'à ce que toutes les Fraises en soient recouvertes. Mettez une nouvelle couche de Fraises, saupoudrez de sucre et successivement ainsi, jusqu'à ce que la quantité de Fraises que vous désirez conserver soit complètement épuisée ; mais n'oubliez pas de terminer par une couche de sucre formant revêtement entre l'air et les fruits. Laissez ainsi macérer pendant douze à dix-huit heures, afin que les Fraises aient absorbé suffisamment de sucre et soient à point pour la cuisson dans le Sauterne.

IX. — METTEZ EN FLACONS ET CUISEZ.

Employez préférablement les flacons d'un litre et d'un demi-litre et après le nettoyage minutieux de ceux-ci, mettez les Fraises en flacons ainsi que nous vous l'indiquons Chap. XI, § 6 ; laissez un vide d'un à deux centimètres, répartissez ensuite à la cuiller, dans chacun d'eux, le jus sucré très parfumé resté au fond du récipient, versez ensuite le Sauterne et recouvrez-en toutes les Fraises, bouchez, *chauffez jusqu'à 75 degrés, pincez les tétons, laissez refroidir dans le bain.*

Il serait, je crois, un peu hasardeux de conserver les Fraises au Sauterne dans les bocaux à fermetures hermétiques et de les soumettre à la stérilisation ; la cuisson plus prolongée qu'ils demandent altérant la forme et la couleur des fruits, mais vous avez toujours la ressource d'essayer de les préparer sans recourir à la stérilisation, ainsi que vous l'avez fait pour les Fraises au sirop.

Avec les Fraises au vin de Sauterne vous aurez un dessert délicieux dont le prix de revient est sensiblement supérieur à celui des Fraises au sirop; mais l'économie est souvent chose incompatible avec une gourmandise succulente.

X. — FRAMBOISES AU SIROP.

Les Framboises au sirop sont, avec les Fraises, une des préparations les plus fines; mais il est nécessaire pour qu'elle possède vraiment des qualités, que la couleur des fruits ne soit nullement altérée, de même que leur forme et leur goût particulier.

Que faut-il pour assurer l'une et l'autre de ces exigences ? Comme pour la préparation des Fraises au sirop : des fruits mûrs à point, sains, de belle venue, et un système de bouchage permettant une ébullition très courte. Les observations que j'ai faites au chapitre précédent relativement au bouchage hermétique sont donc applicables pour les Framboises; à moins que vous conserviez ces fruits sans recourir à la stérilisation.

SUCCESSION DES OPÉRATIONS. — *Prenez des fruits nettement colorés sans piqûres ni souillures. Procédez à l'épluchage et au remplissage des flacons simultanément, mouillez de sirop. Bouchez et stérilisez.*

XI. — CUEILLEZ ET ÉPLUCHEZ LES FRAMBOISES.

Toutes les espèces de Framboises : rouges ou blanches, ambrées plutôt, peuvent être conservées. Les blanches possèdent un goût plus fin. Les Framboises étant très fragiles, cueillez-les le matin, placez dans de petits paniers ou clayettes, capitonnés de feuilles, les fruits parfumés d'une teinte franche et sains. Ne prenez pas les fruits ternes, trop avancés, virant au rouge violacé, dont le goût et le parfum sont passés. Cueillez de préférence les Framboises des branches supérieures, de cette façon aucune souillure ne les maculant, vous évitez le lavage. Pour les détacher des branches, pincez le pédoncule avec les ongles et déposez-les au fur et à mesure dans le panier. Tenez compte de ces mêmes indications lorsqu'au lieu de récolter les Framboises vous les achetez.

L'épluchage des Framboises est moins long et moins ennuyeux que celui des Fraises, et en le pratiquant vous risquez peu d'entamer les fruits — bien qu'ils soient aussi fragiles que les Fraises — la collerette verte étant peu adhérente semble se détacher du fruit quand il est mûr à point.

Pour éplucher les Framboises sans les endommager, emprisonnez chacune d'elles entre les deux doigts de la main gauche, le plus près possible du pédoncule, tandis qu'avec ceux de la droite vous saisissez celui-ci en lui donnant un petit mouvement de torsion qui le détache. Tirez-le doucement, pour ne pas enlever la chair du fruit, le cône blanc légèrement charnu qui s'insère dans le milieu s'enlève ainsi facilement. Au fur et à mesure de l'épluchage, mettez en flacons d'un litre ou d'un demi-litre, à moins que vous ne préfériez les vrais bocaux à fruits. Frappez les bocaux pour forcer les fruits à se placer, mouillez de sirop de sucre ou de sirop de jus de fruits. *Bouchez et stérilisez le même temps que pour les Fraises.*

CHAPITRE XII

LA MOUSSE DE FRAISES

I. Préférez les petites Fraises des bois et les Quatre-Saisons. || II. Epluchez et écrasez les Fraises. || III. Mettez la mousse de Fraises en flacons. || Mousse de Fraises non stérilisée.

Cette préparation de Fraises réduites en « purée » — que j'appellerai la Mousse de Fraises — n'est pas couramment exécutée, sans doute, parce qu'on la connaît peu. Il est très avantageux d'en faire quelques flacons qui constituent, hors saison, la base d'une foule d'entremets, crèmes et glaces surtout ; aussi la maîtresse de maison qui la néglige en la connaissant se prive-t-elle d'une ressource précieuse.

I. — PRÉFÉREZ LES PETITES FRAISES DES BOIS ET LES QUATRE-SAISONS.

Je ne vous conseille pas de conserver les petites Fraises des bois et les Quatre-Saisons entières au sirop ; par contre, elles conviennent parfaitement pour les sirops et les mousses. Les : *Belles de Meaux*, *Erigée de Trévoux*, *Merveille de Caen*, *Monstrueuse caennaise*, etc., sont toutes désignées 1° par leur parfum, leur belle couleur,

2° par leur fermeté et l'avantage que possède le fruit de ne pas adhérer au pédoncule. La variété Héricart de Thury peut également faire une mousse exquise et vous pouvez à la rigueur l'utiliser, si vous possédez un plant généreux. Par contre, évitez les : *Marguerite Lebreton*, *Noble*, les plus fermentescibles.

Ces Mousses de Fraises forment une purée épaisse rappelant par son onctuosité la sauce tomate. Leur préparation exige peu d'expérience et n'entraîne pas à de grands frais.

Deux façons de les réaliser sont à votre disposition :

1° La mousse au naturel stérilisée ;

2° La mousse au naturel sans stérilisation.

Toutes deux servent aux mêmes emplois, seulement leur saveur est plus difficile à analyser. Elles ne satisfont pas autant le palais que les fruits au sirop, d'abord parce qu'il n'entre pas de sucre dans leur préparation, et que la purée sans sucre est toujours un peu acide ; mais elles sont sucrées avant d'être mélangées aux entremets et aux glaces.

La mousse au naturel stérilisée se conserve indéfiniment. La seconde mousse au naturel également, bénéficie de ce manque de stérilisation, elle se garde avec la même facilité et est un peu supérieure comme goût à la précédente.

SUCCESSION DES OPÉRATIONS. — MOUSSE DE FRAISES STÉRILISÉE. : *Ecrasez les fruits mûrs sur un tamis en crin, mélangez intimement à la spatule. Mettez en flacons. Portez doucement à l'ébullition et stérilisez.*

MOUSSE DE FRAISES NON STÉRILISÉE. : *Mettez la purée obtenue dans un chaudron en cuivre, chauffez et laissez bouillir trois minutes. Remplissez des bouteilles chauffées au four, bouchez au liège, rangez les flacons dans un endroit sain.*

II. — ÉPLUCHEZ ET ÉCRASEZ LES FRAISES.

Pour faire une mousse exquise, prenez des fruits sains absolument mûrs, rouges, sans aucune piqûre ou atteinte de limace et souillures, vous évitez ainsi un lavage endommageant les fruits mûrs et donnant à l'ensemble une humidité inutile (Voir Chap. XI, § 4 et 5).

Opérez sur de petites quantités à la fois, le résultat est toujours supérieur, les fruits entrant vite en fermentation l'Été. Enlevez le pédoncule et la collerette verte ainsi que nous vous l'avons indiqué au chapitre précédent ; et au cours de cet épluchage, mettez les Fraises sur un tamis en crin très fin pour les réduire en mousse onctueuse. Faites reposer la base de celui-ci dans l'orifice d'un récipient destiné à recevoir les Fraises écrasées. N'employez pas d'ustensiles en fer qui violacent les fruits, et pressez-les avec le pilon en bois.

Ne pilez pas sur place, ces pressions ont moins d'action sur la chair et les fractions écrasées s'attachent autour du bloc de bois du pilon. Décrivez au contraire de grandes spires en tournant et pressant tout à la fois les Fraises ; suspendez ces pressions dès que vous n'apercevez plus que les graines, et avant de mettre une nouvelle couche de Fraises, débarrassez le tamis de ses déchets.

III. — METTEZ LA MOUSSE DE FRAISES EN FLACONS.

Lorsque la purée est obtenue, mélangez-la intimement pour la rendre onctueuse, fine et mousseuse. Battez violemment quelques minutes avec la spatule en bois et préparez les flacons dans lesquels vous vous proposez de la conserver.

Cette préparation n'exige pas de flacons à fermetures spéciales ; hermétique ou pneumatique, mais si vous en possédez, vous pouvez les employer. Les formes allongées conviennent davantage que les formes cylindriques généralement d'une contenance trop grande. Dans le cas contraire, utilisez les bouteilles à champagne ou les petits flacons d'échantillons dont vous éprouvez préalablement la force en les soumettant à une « ébullition d'essai ». Garnissez-les d'eau et mettez-les à cuire comme s'il s'agissait d'une vraie Conserve.

Remplissez les bocaux ou bouteilles de cette façon : introduisez le tube d'un entonnoir en verre dans l'orifice des récipients et versez la mousse à la louche. Lorsqu'ils sont pleins à un centimètre et demi des bords, bouchez, pour les flacons à fermetures spéciales, bouchez et ficelez pour les bouteilles et mettez dans le bouilleur pour la stérilisation. *Ebullitionnez trente minutes pour les flacons à fermetures hermétiques (demi-litres) et ne laissez pas refroidir dans le bain ; pour les flacons du bouchage pneumatique désoxygénez à 80 degrés, pincez les tétons, chauffez deux minutes ; laissez refroidir dans le bain.*

IV. — MOUSSE DE FRAISES NON STÉRILISÉE.

Aussitôt que les fruits sont épluchés et réduits en purée, mettez celle-ci dans le chaudron en cuivre, portez sur le feu et remuez fortement pour rendre la pâte très onctueuse. Chauffez lentement, remuez toujours car la mousse prendrait au fond de la bassine.

Dès que vous remarquez les premiers signes de l'ébullition, soyez plus attentive encore, et laissez bouillir trois à quatre minutes.

Gardez cette Conserve en bocaux ou bouteilles comme

la précédente. Si vous employez les bocaux, versez directement la purée bouillante, bouchez prestement et le lendemain le bocal est soudé, aussi solidement que s'il avait été soumis avec son contenu à l'ébullition. Si au contraire vous employez les bouteilles, faites-les chauffer lentement au four, « vides », jusqu'à ce que vous ne puissiez plus supporter la main dessus.

Versez la mousse bouillante jusqu'au col de la bouteille, bouchez au liège, ficelez et laissez refroidir à une température normale.

Placez flacons ou bouteilles sur une table recouverte d'une serviette sèche pour éviter le bris des verres et rangez ensuite ces bouteilles à la cave.

Les Fraises ne sont pas les seuls fruits qui se prêtent à cette préparation ; les Framboises, les Pêches, les Prunes, les Abricots fournissent également d'exquises mousses, d'une utilité incontestable l'Hiver dans les maisons où l'on prépare quantité d'entremets et de desserts.

CHAPITRE XIII

LES GROSEILLES A GRAPPES

I. Cueillez les fruits le matin. || II. Deux façons d'égrapper les Groseilles.

Les Groseilles à grappes, rouges ou blanches, si appréciées pour les confitures, sont également la base de Conserves au sirop de sucre. Vous les pouvez préparer aussi facilement que les Fraises et les Framboises ; mais ne mélangez pas les fruits rouges et blancs, ces derniers prenant une teinte peu appétissante parmi les rouges.

SUCCESSION DES OPÉRATIONS. — Lavez les Groseilles si c'est nécessaire; dans ce cas arrosez-les d'eau fraîche ou plongez un tamis les contenant dans une bassine d'eau. Faites quelques plongées successives, égouttez, égrappez les fruits, mettez en flacons, arrosez de sirop de sucre. Bouchez, stérilisez.

I. — CUEILLEZ LES FRUITS LE MATIN.

Pour les Groseilles comme pour les autres fruits : cueillez-les dès le matin. Choisissez de belles grappes chargées de Groseilles bien mûres de couleur franchement carminée, aux grains rebondis et gonflés. Les gros fruits sont préférables.

N'attendez pas que les Groseilles soient ridées; dans cet état, elles sont trop avancées et ne contiennent que très peu de jus.

Garnissez le ou les paniers nécessaires pour la cueillette de grandes feuilles de Choux ou de Vigne et prenez branche par branche, détachez soigneusement les grappes avec les ongles des deux doigts de la main droite et soulevez-les de bas en haut sans détacher de feuilles en laissant les grappes de Groseilles souillées de terre.

Vous pouvez également récolter ces dernières grappes si elles sont jolies. Dans ce cas, ne les mettez pas avec les Groseilles indemnes, traitez-les à part et nettoyez-les par quelques immersions généreuses dans l'eau courante et par petites quantités.

Placez-les sur un tamis en crin et versez dessus de l'eau très fraîche, non pas en jet vif, mais en nappe de façon qu'elle touche uniformément les fruits. Vous pouvez encore procéder d'une autre façon; plongez le tamis dans une grande jatte remplie d'eau et immergez-le jusqu'aux bords plusieurs fois successivement, tournez un peu pour que les grappes se débarrassent de la poussière ou de la terre. Mettez égoutter quelques minutes.

II. — DEUX FAÇONS D'ÉGRAPPER LES GROSEILLES.

Commencez l'égrenage des Groseilles aussitôt la cueillette ou le lavage terminé; au fur et à mesure, éliminez les grains blanc rosé, secs ou avancés. Vous pouvez procéder à l'égrenage, c'est-à-dire à la séparation des baies de leur grappe de deux façons : soit avec les doigts, soit à l'aide d'une fourchette.

Si vous êtes plus habile avec les doigts, n'abandonnez

pas cette manière de faire ; je lui trouve cependant un défaut : les doigts se poissent, se teintent en rouge violacé, et l'épiderme se dessèche légèrement, ce qui devient parfois agaçant. L'emploi de la fourchette diminue très sensiblement cet inconvénient.

Dans le premier cas, saisissez l'extrémité supérieure de la grappe par son pédoncule. Maintenez-la entre le pouce et l'index de la main gauche, de façon qu'elle retombe comme sur l'arbuste lui-même. Glissez alors doucement le pouce et l'index de la main droite le long de la grappe toujours maintenue par les doigts de la main gauche, en commençant par le haut, de façon à la bien emprisonner. Chaque baie se détache alors de son pédicelle, et toutes s'amoncellent momentanément en boule pour tomber ensuite dans le récipient qui doit les contenir, lorsque, en trop grand nombre, elles ne sont plus maintenues entre les grains inférieurs et les doigts. Ne faites pas agir la partie tranchante des ongles, car vous sectionneriez les pédicelles, auxquels les baies resteraient adhérentes.

Cette opération, que vous exécuterez certes en beaucoup moins de temps qu'il ne faut pour la décrire, est extrêmement simple à pratiquer.

Voici l'autre manière. Rapprochez deux dents d'une fourchette l'une de l'autre avec un couteau de cuisine en ne laissant qu'un espace pour le passage du pédoncule et des pédicelles des petites grappes, tandis que l'ouverture ordinaire entre les dents convient pour les grappes de grosses et moyennes baies. Prenez la fourchette de la main gauche, le dos au-dessus. Saisissez chaque grappe par l'extrémité supérieure de son pédoncule que vous glissez dans l'espace entre les deux dents plus près du manche que du milieu de la fourchette, car

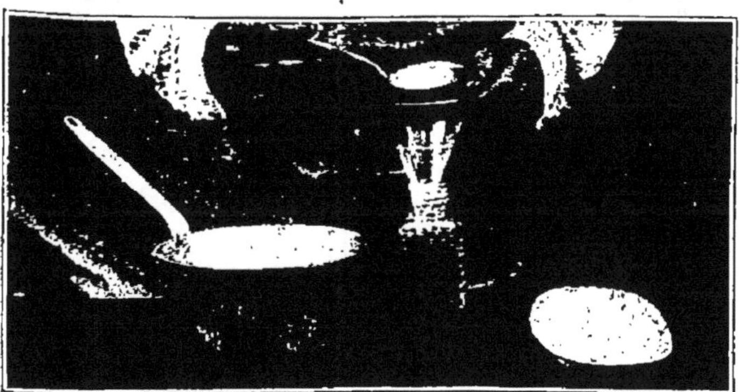

FIG. 52, 53, 54. — ÉGRAPPEZ ET METTEZ LES GROSEILLES EN FLACONS.

Égrappez les Groseilles à la main ou à l'aide d'une fourchette. Lorsque tous les grains sont réunis mettez en flacons et versez le sirop de sucre dans un entonnoir en verre : il se répartit mieux parmi les fruits.

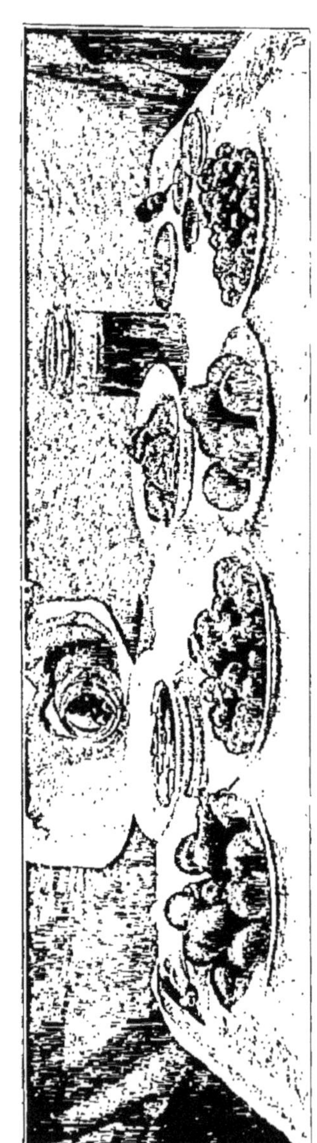

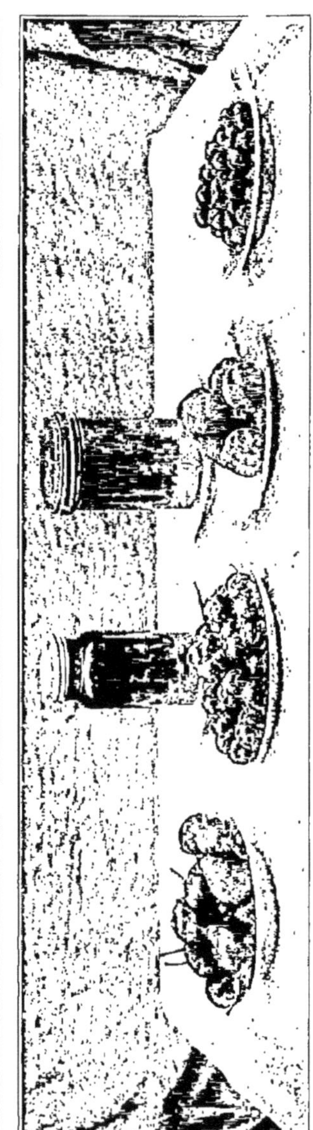

FIG. 55, 56. — CONSTITUEZ LES MACÉDOINES DE FRUITS.

Prenez des fruits frais: Fraises, Cerises, Groseilles, Framboises pour les Macédoines d'Été. Pêches, Prunes, Reines-Claude, Mirabelles, Poires pour les Macédoines d'arrière-saison, ajoutez facultativement des fruits déjà conservés: Abricots, Cerises, Fraises.

vous risquez qu'elle s'échappe lorsque vous tirez sur le pédoncule.

Dans cette position, tirez-la doucement, dans le sens de la hauteur, de façon à enlever la rafle sans endommager les grains qui tombent un à un dans le récipient placé au-dessous.

Mettez les grains en flacons avec une cuiller d'argent. Tassez ceux-ci, en opérant comme vous l'avez fait pour les Fraises et les Framboises, mouillez de sirop de sucre à 28 degrés, bouchez et stérilisez le même temps que pour ces fruits.

CHAPITRE XIV

LES GROSEILLES A MAQUEREAUX

I. Utilisations diverses des Groseilles a Maquereaux. || II. Prenez des fruits lisses de préférence. || III. Épluchage des Groseilles.

Les fruits du Groseillier épineux, les Groseilles à Maquereaux, rouges, blonds, striés de rose, verts suivant les sortes, ne sont pas, à proprement parler, des fruits fins ; mais ils sont amusants à croquer en vert, et c'est surtout ainsi qu'on les consomme en France.

I. — UTILISATIONS DIVERSES DES GROSEILLES A MAQUEREAUX.

Les maîtresses de maison dilligentes que les questions d'économie domestique ne laissent pas indifférentes les convertissent en « confitures » — encore que cette préparation soit peu connue — ; mais ces Groseilles peuvent aussi être comprises dans un assortiment de Conserves, surtout lors des années de disette pour les autres fruits. Dans ce cas, conservez-les au sirop comme les Cerises et les Framboises.

Les Anglais, au contraire, font de ces fruits, mûrs ou verts, une consommation énorme et en tirent un parti intéressant dans la composition des entremets et des desserts. Les tartes, les puddings, les gelées de Groseilles vertes se multiplient à l'infini et, bien préparées, toutes ces friandises sont savoureuses.

Il n'est guère de jardin qui ne soit pourvu de Groseilliers épineux; leur production est ordinairement assez généreuse pour permettre quelques réserves ; devez-vous les acheter, c'est alors une très petite dépense, car vous pouvez acquérir ces fruits à des prix relativement bas, 0 fr. 40 le kilogramme environ pour ceux de choix.

SUCCESSION DES OPÉRATIONS. — Prenez des fruits à peau lisse deux jours avant leur maturité, enlevez le pédoncule et la petite mouche de feuilles sèches, lavez-les ; laissez égoutter, mettez en flacons, remplissez de sirop de sucre. Bouchez, stérilisez.

II. — PRENEZ DES FRUITS LISSES DE PRÉFÉRENCE.

Il existe plusieurs sortes de fruits, et ce n'est pas seulement la couleur qui les distingue ; les blonds verts très transparents, les rouges sont ordinairement parmi les plus gros fruits, mais il est aussi des variétés à petits fruits blancs et rosés. Parmi ces espèces, les uns sont à peau lisse, les autres à peau duveteuse. Préférez ceux à peau lisse, ils sont généralement gros et de forme allongée.

Lors de la cueillette, évitez les fruits piqués par les insectes ou éclatés, de même que les fruits fanés à peau flasque, de coloration vineuse ou ternie, choisissez-les à environ deux jours de leur complète maturité, c'est-à-dire lorsque la chair est légèrement ferme encore, ils sont parfaits ainsi.

Ce choix à « deux jours de la maturité complète » est fait pour les raisons suivantes : à pleine maturité les

Groseilles éclatent d'elles-mêmes, deviennent légèrement pâteuses, perdent la légère acidité qui souligne leur saveur. Observez ces mêmes recommandations lorsque vous devez acheter les Groseilles.

Ne faites pas vos provisions quelques jours, même vingt-quatre heures après avoir cueilli les fruits, sous prétexte de les laisser reposer. Préparez-les au contraire le plus près possible de la cueillette, les Groseilles perdant assez rapidement leur fraîcheur, surtout par une température lourde.

III. — ÉPLUCHAGE DES GROSEILLES.

Avant de commencer la préparation, triez les fruits et ne prenez qu'un choix régulier, autant que possible des fruits sains et absolument intacts. Ce tri effectué, débarrassez chaque fruit du pédoncule et des folioles qui terminent les deux extrémités. Épluchez chacune d'elles en commençant par sectionner soit avec les doigts soit avec des ciseaux le pédoncule court et nerveux qui l'attachait à l'arbuste. Le sectionnement du pédoncule à l'aide des ongles est pénible et peut entraîner l'éclatement du fruit s'il est mal exécuté ; de même que les pointes des ciseaux mal dirigées peuvent endommager les fruits. Dans les deux cas, évincez naturellement les fruits que vous pourriez endommager au cours de l'épluchage, car ils se videraient en cuisant, troubleraient le sirop et votre but serait manqué.

Pour opérer ces deux ablations, saisissez chaque fruit de la main gauche et placez-le dans le sens de la longueur entre le pouce et l'index ; enlevez d'abord le fleuron d'extrémité qui se détache sans effort — parfois même il n'existe plus — ; puis, avec le troisième doigt, faites basculer la Groseille de façon que le pédoncule vienne se présenter à la place de la tête et cela sans aucune aide — ce petit tour de main s'opère machinalement et sans effort — sectionnez-le avec des ciseaux bien tranchants, juste au ras du renflement du fruit et pour ne pas piquer la chair, gardez bien la direction horizontale à vos ciseaux.

Afin d'éviter les manutentions — rappelez-vous qu'elles endommagent toujours les fruits quels qu'ils soient — au fur et à mesure de ces nettoyages, mettez les fruits sur un tamis ou sur une clayette en bois, puis lavez-les à l'eau courante. Roulez-les en tournant doucement le tamis, afin que les moins propres se nettoient et soient nets. Laissez égoutter, mettez en flacons, couvrez de sirop chaud titrant de 26 à 28 degrés. *Pour les flacons du Bouchage pneumatique, bouchez et désoxygénez à 70 degrés, chauffez deux minutes, arrêtez le feu et laissez refroidir dans le bain. Pour les flacons à bouchages hermétiques, ébullitionnez trente-cinq minutes par litre, vingt-cinq minutes pour les demi-litres et ne les laissez pas refroidir dans le bain.*

Cette préparation de Groseilles à Maquereaux peut vous servir de base pour la constitution de tartes exquises ou de compotes arrosées de crème fraîche.

CHAPITRE XV

LES MACÉDOINES D'ÉTÉ ET D'ARRIÈRE-SAISON

I. Trois façons de préparer les Macédoines. || II. Faites les Macédoines d'Été avec les fruits rouges. || III. Comment conduire le remplissage des flacons. || IV. Préparation en flacons séparés. || V. Macédoine complète et Macédoine mixte.

Les Macédoines constituent la base de Conserves simples à pratiquer et excessivement agréables comme dessert ; composez-les d'un mélange de fruits choisis et associés dans des proportions définies. Chacun de ces fruits a les mêmes exigences que ceux qui entrent dans les préparations au sirop, ils subissent les mêmes apprêts et une stérilisation identique. Ces mélanges, constitués de sortes de fruits de couleurs différentes, aux parfums plus différents encore, sont cuits dans un sirop de sucre titrant 25 à 28 degrés.

Il y a deux sortes distinctes de Macédoines : celles du début de l'Été et celles d'extrême-Été ou d'arrière-saison. Les premières sont composées uniquement de petits fruits rouges qui n'ont pas besoin de subir le blanchiment et le rafraîchissage, exemple : Fraises, Framboises, Groseilles ; de ce fait, elles sont beaucoup moins longues à préparer ;

les secondes composées de fruits pâles divers fractionnés ou entiers, ces derniers doivent être blanchis, exemple : Poires, Pêches, Framboises blanches, Mirabelles, toutes les variétés de Prunes dont vous pouvez encore disposer pourvu qu'elles soient savoureuses, etc. Les Abricots se conservent généralement à part, car la maturité de la plupart des variétés est à la fois trop tardive pour permettre de les comprendre dans les Macédoines d'Été, et trop hâtive pour celles d'arrière-saison.

I. — TROIS FAÇONS DE PRÉPARER LES MACÉDOINES.

Il existe trois façons de composer les Macédoines : 1° de fruits frais fractionnés et entiers en mélange ; 2° de fruits frais auxquels on ajoute des fruits de maturité plus hâtive conservés en flacons séparés dans ce but ; 3° de fruits préparés spécialement en flacons séparés, et dont on fait seulement le mélange au moment de les servir.

La première catégorie comprend deux sortes de mélanges : la *Macédoine d'Été* faite avec des petits fruits rouges, la *Macédoine d'Automne ou d'arrière-saison* confectionnée avec des fruits entiers et fractionnés.

La préparation des fruits en flacons séparés — troisième façon — est, à mon avis, celle qui possède les plus grandes qualités, chaque espèce ayant gardé son parfum particulier, puisque les fruits sont conservés dans des flacons différents.

La Macédoine mixte est faite d'un mélange de fruits frais entiers ou fractionnés et de fruits dont l'époque de maturité est passée, conservés dans ce but.

C'est précisément pour permettre de varier le plus possible les sortes de fruits à époques différentes de maturité, dans cette Macédoine, qu'il y a aussi intérêt à mélanger les fruits fraîchement cueillis et ceux déjà conservés dans ce but. Voici un exemple de Macédoine d'arrière-saison constituée de fruits fractionnés et entiers : Mirabelles (entières), Pêches (fractionnées), Poires (fractionnées), Prunes Reines-Claude (entières), Petites Prunes (entières).

Voici une autre Macédoine constituée de fruits frais et de fruits conservés : Mirabelles, Abricots en oreillons, Prunes rouges ou dorées, Pêches, Poires, Cerises si vous le jugez à propos.

SUCCESSION DES OPÉRATIONS. — MACÉDOINE D'ÉTÉ : *Épluchez les fruits, lavez-les ou non. Mettez-les en flacons au cours de l'épluchage ou après, mouillez de sirop de sucre, bouchez et stérilisez.*

II. — FAITES LES MACÉDOINES D'ÉTÉ AVEC LES FRUITS ROUGES.

Je ne vous rappellerai pas les conditions dans lesquelles doit être faite la cueillette et le choix des fruits, le Chap. II vous les décrit toutes, songez seulement, avant d'entreprendre cette préparation, qu'il vous faut une petite quantité de fruits de choix de chaque sorte. Ne mélangez pas les couleurs, composez exclusivement les Macédoines d'Été avec les fruits rouges, parce que les blonds dispersés parmi eux — même ceux d'espèce semblable : Framboises et Groseilles blanches — prennent une teinte fausse peu appétissante. Ces petits fruits ayant leur arôme aussi périssable que leur forme, attendez le moins possible pour les conserver. Les opérations que vous avez à faire subir aux fruits pour les « nettoyer » et les mettre en condition pour la stérilisation sont les mêmes que pour les fruits employés séparément : Fraises, Framboises, Chap. XI, Cerises, Chap. IX, Groseilles, Chap. XIII. Les voici résu-

FIG. 57, 58. — METTEZ LES FRUITS EN FLACONS ET ARROSEZ DE SIROP.

Prenez autant de récipients que vous avez de sortes de fruits : Mirabelles, Pêches, Reines-Claude, Poires, Abricots, Cerises, et mélangez-les dans chaque bocal par couches régulières. Versez ensuite le sirop de sucre chaud à la louche jusqu'à deux centimètres des bords du flacon, bouchez et stérilisez.

FIG. 59 A 61. — ENLEVEZ LE PÉDONCULE, LE NOYAU ET PELEZ LES MIRABELLES. *Tirez à la fois, mais bien ensemble, le fruit d'un côté, le pédoncule de l'autre; pour dénoyauter, glissez la pointe d'un couteau dans l'ouverture et sortez le noyau. Plongez les Mirabelles quelques secondes dans l'eau très chaude, ce bain permet l'enlèvement rapide de la peau.*

mées : enlevez délicatement le pédoncule des Fraises et des Framboises, coupez les queues des Cerises et égrappez les Groseilles sans les écraser.

Composez le mélange de chaque flacon suivant votre goût. Si vous préférez les Framboises ou les Fraises, augmentez les proportions en diminuant celles des Groseilles ou des Cerises. Un flacon d'un litre bien préparé contient environ 550 à 650 grammes de fruits que, sauf la réserve faite ci-dessus, vous pouvez répartir ainsi :

150	grammes	ou 100	grammes	de Framboises.
200	—	ou 250	—	de Fraises.
125	—	ou 150	—	de Groseilles.
150	—	de Cerises.		

Soit au total 550 à 650 grammes de fruits.

Ou encore :

250	grammes	de Fraises.
150	—	de Framboises.
250	—	de Cerises.

III. — COMMENT CONDUIRE LE REMPLISSAGE DES FLACONS.

Les flacons d'un litre et d'un demi-litre sont le plus couramment utilisés pour les Macédoines, à moins que vous utilisiez les vrais flacons à fruits ou les bouteilles à champagne.

Le flacon choisi, procédez au remplissage soit au cours même de l'épluchage — les fruits gardent ainsi toute leur fraîcheur étant moins touchés — soit aussitôt après celui-ci.

Si vous préférez le premier moyen et que vous preniez les quatre sortes de fruits précédemment indiquées, opérez ainsi après avoir pesé les quantités nécessaires :

commencez par les Cerises, suivez par les Groseilles et les Fraises et terminez par les Framboises. Disposez chaque sorte par couche au fur et à mesure de l'épluchage, égalisez-les le mieux possible en frappant le bocal sur la table au cours de leur placement.

Si vous avez peu l'habitude de ces préparations, employez préférablement le second moyen. Au moment de l'épluchage, entourez-vous de quatre récipients dans lesquels vous déposez successivement après la toilette de chacun d'eux et par catégorie les : Cerises, Fraises, Framboises et Groseilles.

Ces apprêts terminés, procédez à la garniture du flacon à l'aide d'une cuiller à bords émoussés en versant successivement dans celui-ci la quantité prévue de chaque sorte. Remuez le flacon au fur et à mesure pour égaliser les couches de fruits et tassez-les comme il vous est dit ci-dessus.

Le flacon rempli de fruits, versez aussitôt le sirop chaud sur ceux-ci. Je vous recommande tout particulièrement pour les Macédoines de fruits rouges, le sirop de jus de fruits (Chap. IV), composé avec des Cerises et des Framboises par quantités égales, vous obtiendrez alors une Macédoine exquise.

Faites ce sirop de jus de fruits entre 26 et 28 degrés environ et versez-le sur les fruits alors qu'il est encore chaud. Lorsqu'il atteint un peu plus des cinq sixièmes du flacon bouchez celui-ci.

Pour les flacons du bouchage pneumatique, désoxygénez à 75 degrés, arrêtez le feu et laissez refroidir dans le bain. Les flacons à fermetures hermétiques demandent trente-cinq minutes pour les litres, vingt pour les demi-litres ; ne les laissez pas refroidir dans le bain.

Pour donner du corps à cette Conserve, chaque fois

que vous désirez consommer le contenu d'un flacon, ajoutez un demi-verre à madère de kirsch fin et très pur — pour un flacon d'un litre — cet ajouté fait délicatement ressortir le goût des fruits.

SUCCESSION DES OPÉRATIONS. — MACÉDOINES D'ARRIÈRE-SAISON. *Que vous adoptiez l'une ou l'autre des trois facons, indiquées ci-dessus, préparez d'abord le sirop de sucre et, pendant sa cuisson, nettoyez les Poires, Pêches, Prunes, Mirabelles.*

POIRES : *Pelez et sectionnez chacune d'elles en quatre quartiers. Baignez ceux-ci dans une petite quantité de sirop, au fur et à mesure que vous les obtenez.*

PÊCHES : *Enlevez l'épiderme avec précaution afin de ne pas endommager la chair du fruit ; mais, si vous sentez quelque résistance au cours de cet épluchage, plongez les fruits deux minutes dans l'eau très chaude, égouttez-les et fractionnez en deux seulement. Mettez dans le sirop de sucre au cours de ces manutentions.*

MIRABELLES : *Enlevez le pédoncule, essuyez les fruits et réservez-les à part dans un récipient quelconque.*

PRUNES REINES CLAUDE : *Raccourcissez le pédoncule, essuyez les fruits, et réservez-les momentanément dans un plat, un grand bol, une jatte ou une assiette creuse.*

Ayant ainsi obtenu autant de parts que vous avez d'espèces de fruits, si vous préférez la Macédoine mixte, adjoignez à ceux-ci des Abricots et des Cerises conservés, débouchez les bocaux et renversez leur contenu dans un récipient. Remplissez les bocaux en alternant et en variant les sortes le mieux possible. Mouillez de sirop de sucre chaud ; bouchez, stérilisez au bain-marie ou à l'autoclave.

Les différentes façons de conserver les Macédoines sont donc absolument identiques quant à la préparation ; la question de mise en flacons seule les différencie et les fait dénommer autrement.

La méthode la plus pratique est certainement la façon

Macédoine en mélange ; les flacons sont prêts pour la consommation ; mais il faut dire que le goût particulier des fruits est un peu troublé par le voisinage des uns et des autres ; alors que, dans la Macédoine de fruits en bocaux séparés, chaque espèce garde le sien intact.

Puisque vous connaissez les conditions dans lesquelles doivent se trouver les fruits destinés aux Conserves pour donner d'abord une préparation exquise et se garder avec succès : fraîcheur, maturité, absence totale de piqûres d'insectes ou d'atteintes de maladies, je vous indiquerai seulement la marche des opérations nécessaires pour réussir les Macédoines d'arrière-saison.

IV. — PRÉPARATION EN FLACONS SÉPARÉS.

D'exécution un peu plus rapide que la Macédoine constituée de fruits mélangés, cette recette n'oblige pas au placement méthodique des fruits, puisque le mélange est seulement fait avec les différentes espèces lors de la consommation. Je répète qu'elle est différente de la Macédoine de fruits entiers et fractionnés quant au parfum : les fruits en bocaux séparés conservent ainsi intégralement leur saveur particulière.

Si vous adoptez cette manière de faire, opérez ainsi : conservez chaque espèce : Poires, Pêches, Mirabelles, Prunes, dans un flacon en verre pouvant contenir environ 250 grammes de fruits épluchés, de façon que la totalité des quatre variétés vous donne 800 à 900 grammes, quantité pouvant assurer le service de six à sept personnes. Pour abréger autant que possible le temps des manutentions, aussitôt après la cueillette des fruits, préparez le sirop de sucre à chaud, Chap. IV, § 3. Triez et choisissez les fruits à conserver en entier, par catégories, sans les mélanger : Prunes Reines-Claude, Mirabelles. La préparation de ces fruits demande le minimum de temps ; raccourcissez ou enlevez le pédoncule ; raccourcissez-le préférablement. S'ils sont souillés et surtout si vous n'en connaissez pas la provenance, lavez-les à l'eau froide courante. Égouttez ensuite par catégorie sur une serviette d'office spongieuse, placée sur une planche large ou sur une table de cuisine ; mettez les fruits en flacons, mouillez de sirop de sucre chaud et bouchez. *Pour les flacons à fermeture pneumatique contenant les Mirabelles, désoxygénez jusqu'à* 90 *degrés ; pincez les tétons et laissez refroidir dans le bain ; pour les mêmes flacons contenant des Prunes Reines-Claude, désoxygénez à* 80 *degrés, pincez les tétons, chauffez deux minutes, arrêtez le feu et laissez refroidir dans le bain. Les flacons d'un demi-litre à fermetures hermétiques demandent trente à quarante minutes d'ébullition pour les Mirabelles et les Prunes Reines-Claude.*

La préparation des Poires et des Pêches est plus longue et surtout plus minutieuse pour ces dernières, lorsque les fruits se pèlent difficilement (Voir Chap. III, § 5).

V. — MACÉDOINE COMPLÈTE ET MACÉDOINE MIXTE.

Plus couramment usitée que la précédente, parce qu'elle donne dans un seul bocal une variété plaisante et savoureuse, cette préparation demande quelques soins pour être parfaite.

Si vous conservez les fruits sous cette forme, employez les bocaux cylindriques d'un litre environ, permettant un placement plus facile, ou encore, si vous préférez plus de recherche, les flacons spéciaux, à encolure plus étroite et effilés, appelés flacons à fruits.

Les opérations devant se succéder sans interruption, préparez à l'avance le sirop de sucre pour les fruits à fractionner.

Commencez la toilette des fruits entiers ainsi que nous vous l'avons déjà indiqué, afin de les avoir prêts à temps, pour ne pas faire trop attendre les fruits à chair fine : Poires et Pêches virant facilement au jaune. Au fur et à mesure de leur préparation, placez-les dans un récipient séparé « par espèces », où vous les prendrez lors de la mise en flacons. C'est seulement à ce moment que vous débouchez les Abricots et les Cerises conservés préalablement afin de les ajouter à la Macédoine.

Lorsque tous les fruits sont prêts, mettez-les en bocaux ; aidez-vous d'une large cuiller et placez-les par couches ou lits variés. Alternez les couleurs autant que possible et prenez soin de bien placer les uns et les autres, afin d'en faire tenir le plus possible : Mirabelles, fractions de Poires, petites Prunes rouges, demi-Pêches, Prunes Reines-Claude, moitiés d'Abricots, etc. Mouillez de sirop de sucre chaud, lentement, comme il vous a été indiqué, car il se répand peu à peu dans les intervalles que laissent les fruits entre eux. Versé en hâte, il déborde inévitablement hors du flacon. *Bouchez et terminez, pour les flacons à bouchage pneumatique, de la même façon que pour les Pêches, Chap.* XVII. *Les bocaux à fermetures hermétiques demandent une heure environ pour les litres, quarante minutes pour les demi-litres.*

Lorsqu'au moment de la consommation vous ajouterez les tronçons de Bananes frais, les quartiers d'Oranges ou de Mandarines, les tranches d'Ananas parfumés, vous ne regretterez certes pas le temps passé ; les coupes de fruits rafraîchis feront les délices de tous.

CHAPITRE XVI

LES MIRABELLES

I. TROIS PRÉPARATIONS DE MIRABELLES. || II. CHOISISSEZ LES MIRABELLES AU BON MOMENT. || III. MIRABELLES DÉNOYAUTÉES. || IV. COMMENT ENLEVER LE NOYAU. || V. MIRABELLES ENTIÈRES.

CETTE petite Prune jaune doré d'un goût exquis avec une saveur particulière — à la fois sucrée et musquée lorsqu'elle est mûre à point — est le fruit de Lorraine par excellence : Aix, Lérouville, Dauvillers, Saint-Mihiel sont les principaux centres de production.

Vous la trouverez en abondance au jardin, en Août, et sa récolte est tellement généreuse pendant les années productives qu'invariablement une partie reste inutilisée. Si vous pensiez aux exquises Confitures, aux Compotes excellentes qu'il est facile de réussir avec elle, il est certain que vous seriez plus prévoyante, Madame, et en feriez des Conserves variées.

I. — TROIS PRÉPARATIONS DE MIRABELLES.

Quantité de personnes — et c'est à tort — ont contre les Mirabelles conservées une idée préconçue, trouvant à leur chair un goût de gomme arabique ; saveur qui est due uniquement au mauvais procédé de préparation : *à une cuisson trop prolongée dans un sirop de sucre trop concentré.*

Voici trois façons de les préparer au sirop ; toutes trois exquises, simples et par conséquent à la portée de tous.

1° *Mirabelles pelées.* — Ces fruits débarrassés de leur épiderme ont simplement le pédoncule raccourci ; mais le noyau qui maintient la forme des Mirabelles doit être conservé, sans quoi cette préparation ne constituerait plus qu'une simple compote. Cuites dans un sirop de sucre titrant 26 degrés maximum, ces Mirabelles valent un dessert choisi et très fin pour les malades et les délicats.

2° *Mirabelles dénoyautées.* — Dans cette préparation, les fruits gardent au contraire leur épiderme, l'ablation du pédoncule est facultative et celle du noyau indispensable. Même cuisson que pour les précédentes, car elles doivent constituer pour l'hiver des compotes toutes faites.

3° *Mirabelles entières.* — Les fruits gardés intacts ont simplement le pédoncule raccourci. Cuisson identique aux précédentes. Les Mirabelles pelées sont un raffinement qui n'ajoute rien aux fruits ; je vous recommanderai même, Madame, si vous aimez trouver toute la saveur croquante du fruit, de conserver les Mirabelles avec leur épiderme.

SUCCESSION DES OPÉRATIONS. — MIRABELLES ENTIÈRES : *Triez les fruits, lavez-les, égouttez-les, coupez le pédoncule, mettez en bocaux et mouillez de sirop de sucre.*

MIRABELLES DÉNOYAUTÉES : *Triez les fruits, enlevez le pédoncule, lavez-les à l'eau froide, enlevez le noyau, mettez en bocaux et mouillez de sirop de sucre.*

MIRABELLES PELÉES. : *Triez les fruits, plongez-les dans*

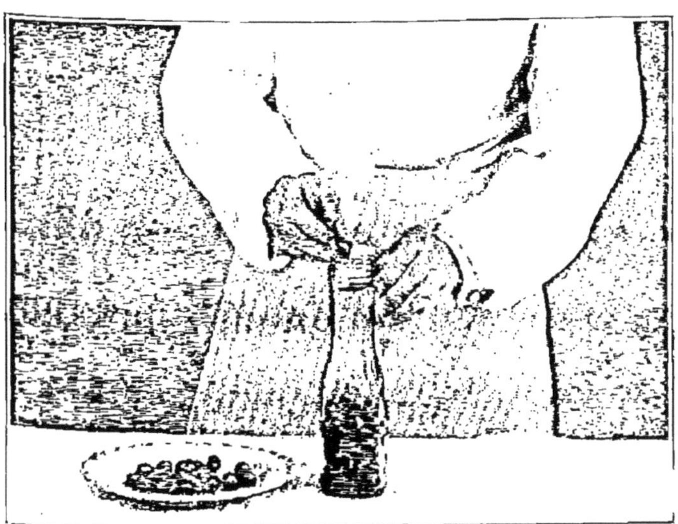

FIG. 62. — REMPLISSEZ LES FLACONS DE MIRABELLES.
N'introduisez pas les fruits un à un; employez préférablement une cuiller d'argent ou de métal et versez-les par plusieurs dans le flacon; frappez celui-ci quelques fois pour que les Mirabelles se placent seules.

FIG. 63. — FAITES LE PLEIN AVEC LE SIROP DE SUCRE.
Versez le sirop chaud sur les fruits pour qu'ils s'imprègnent de sucre; ajoutez-le doucement de manière qu'il s'infiltre bien au travers des vides que les Mirabelles laissent entre elles.

FIG. 64, 65. — BLANCHISSEZ ET RAFRAICHISSEZ LES PÊCHES.
Aussitôt les fruits blanchis et rafraîchis, étendez-les sur des serviettes spongieuses où elles se débarrassent de l'eau ; laissez entre elles un espace pour qu'elles se ressuient mieux.

FIG. 66, 67. — METTEZ EN FLACONS ET BAIGNEZ DE SIROP.
Prenez quelques soins lorsque vous mettez les fruits en flacons : inclinez de préférence le flacon pour placer les premiers fruits ; superposez les suivants les uns au-dessus des autres en remettant le flacon droit. Versez ensuite le sirop préparé " à chaud ".

l'eau bouillante afin de les peler plus facilement, enlevez ou non le pédoncule, pelez-les, remplissez-en les bocaux, mouillez de sirop de sucre.

II. — CHOISISSEZ LES MIRABELLES AU BON MOMENT.

Vous savez que plus un fruit approche de son point de maturité, plus il est sucré ; mais il ne faut pas confondre la maturité normale avec la maturité extrême. Si vous attendez une maturité très avancée, les qualités des fruits se sont transformées et amoindries ; sous ce rapport, les Mirabelles sont plus sensibles que les Prunes Reines-Claude et les Pêches.

Lorsque vous cueillez les Mirabelles, choisissez-les mûres à point pour qu'elles soient savoureuses. Cet état se reconnaît à leur couleur et au toucher. Le fruit doit être d'un beau jaune d'or que parsème parfois l'incarnat d'une multitude de petits points, et quelque peu résistant. S'il est flasque et que l'épiderme tire au brun, il est passé et sans parfum. Comme pour les Pêches et les Reines-Claude, soyez très sévère dans le choix des Mirabelles ; écartez les fruits tachés ou simplement piqués d'insectes. Rappelez-vous qu'il est également préférable de préparer les fruits dès leur cueillette ou quelques heures après, plutôt que de les laisser des journées en vrac « en attente » dans un panier où ils s'échauffent, mûrissent rapidement et perdent leurs meilleures qualités.

Si vous voulez essayer les trois méthodes ci-dessus, faites deux choix dans votre cueillette, mettez à part les fruits mûrs à point et ceux qui ne le sont pas tout à fait. Les premiers serviront pour la préparation des Mirabelles pelées, les autres pour les Mirabelles entières et dénoyautées.

Avant toute chose, il importe que vous vous préoccupiez de la préparation du sirop de sucre afin de l'avoir prêt à temps.

Pelez les Mirabelles ainsi que nous vous l'avons précédemment indiqué Chap. III, § 5.

Cette toilette terminée, déposez le fruit dans une assiette, un plat ou autre récipient et lorsque la quantité épluchée peut remplir un bocal, mettez les Mirabelles en flacons. Employez une cuiller pour ce remplissage — une large cuiller à sauce est parfaite — car les fruits débarrassés de leur épiderme sont saturés de jus qu'il faut conserver. En même temps que vous introduisez les Mirabelles, frappez le bocal pour en faire tenir davantage ; lorsqu'il est plein, versez sur les fruits le jus qui s'est échappé de leur chair, puis comblez avec le sirop de sucre chaud titrant de 24 à 26 degrés.

Bouchez les flacons et stérilisez le même temps que les Mirabelles entières.

III. — MIRABELLES DÉNOYAUTÉES.

Commencez par enlever le pédoncule, mais comme ces fruits mûrs à point demandent quelque précaution pour n'être point abîmés, maintenez-les un peu serrés entre les deux premiers doigts de la main gauche, juste au-dessous du bourrelet qu'elles forment aussitôt la naissance du pédoncule. Afin de ne pas entraîner une fraction de chair en enlevant le noyau, ou pour éviter l'éclatement du fruit, tirez doucement de chaque côté en faisant accorder vos mouvements. Lavez les fruits aussitôt cette préparation achevée, plongez-les dans un grand récipient rempli d'eau froide, et pour éviter que les Mirabelles surnagent, appuyez-les avec l'écumoire. Ou bien, ce qui est encore plus simple, mettez-les dans le vulgaire panier à salade pour les immerger. Dans ce cas, après avoir introduit les Mirabelles dans ce panier métallique plongez le tout à plusieurs reprises dans l'eau en agitant le panier en tous sens. Laissez ensuite égoutter l'eau pendant quelques minutes avant de les prendre une à une pour enlever les noyaux.

IV. — COMMENT ENLEVER LE NOYAU.

Avec un couteau court à lame étroite ne blessant pas très profondément le fruit, incisez longitudinalement une des faces latérales des Mirabelles, dans le sens de la position du noyau, de façon à enlever celui-ci sans trop déformer le fruit. Maintenez-le pour cela entre les trois doigts de la main gauche et lorsqu'il est assujetti entre ceux-ci convenablement, faites pénétrer la pointe du couteau dans la chair sans pour cela transpercer le fruit de part en part. Attirez le noyau sur les bords, et sortez-le rapidement en faisant agir la lame comme un levier. Celui-ci s'échappe alors sans difficulté, il suffit de l'aider un peu.

Au fur et à mesure de l'extraction des noyaux, déposez les fruits dans un récipient, et dès que vous pensez que la quantité de Mirabelles dénoyautées est suffisante pour remplir un bocal, effectuez le remplissage ; tassez au fur et à mesure en frappant le fond du flacon sur la table recouverte d'une serviette pour en éviter le bris, mouillez de sirop de sucre et bouchez.

VI. — MIRABELLES ENTIÈRES.

Simplification de cette dernière méthode, la préparation des Mirabelles entières est la plus facilement et la plus rapidement réalisable. Après le lavage à l'eau courante, coupez les pédoncules au-dessous du bourrelet ligneux qui attache le fruit à la branche, laissez égoutter les Mirabelles et mettez en flacons sans autres préparatifs; mouillez de sirop de sucre au même degré, *bouchez désoxygénez à 80 degrés pincez les tétons, arrêtez le feu et laissez refroidir dans le bain pour le système à bouchage pneumatique. Les flacons à fermetures hermétiques demandent une heure d'ébullition pour les litres et quarante minutes pour les demi-litres.*

Vous distinguerez et retrouverez toujours le parfum agréable des Mirabelles en compotes, dans les tartes et les macédoines, et c'est précisément avec les Cerises et les Abricots une des meilleures et des plus précieuses Conserves pour l'Hiver en raison des multiples utilisations auxquelles elle se prête.

CHAPITRE XVII

LES PÊCHES ET LES BRUGNONS

I. Quelles variétés préférer. || II. Cueillez et triez les Pêches. || III. Brossez l'épiderme délicat des Pêches. || IV. Blanchissez les Pêches. || V. Plongez les Pêches dans l'eau froide. || VI. Pêches entières pelées. || VII. Pêches au sirop renforcé.

La Pêche, fruit délicieux par excellence, peut être conservée de plusieurs façons : entière au sirop, entière pelée : au sirop, au kirsch, à l'eau-de-vie, elle garde dans ces différentes préparations sa saveur délicate, son parfum agréable tout particulier, et l'appétissant dessert qu'elle fournit dédommage amplement des soins pris pour sa préparation.

De ces quatre manières de conservation, nous détacherons la Pêche au sirop, qui vous donnera en Janvier le compotier de fruits le plus agréable qu'il soit et l'illusion de savourer encore les : *Alexis Lepère*, *Galande, Grosse Mignonne hâtive* et autres que l'espalier a mûries en Août-Septembre; mais nous vous donnerons néanmoins la faculté de conserver les autres.

Ce qu'il faut surtout, ce sont des fruits de bonnes variétés connues ou locales, mûrs à point, des fruits juteux et parfumés, car cette Conserve n'aurait même pas la saveur d'une compote vulgaire qui a pour elle l'attrait de fruits venus à point, bien sucrés, mais que la cuisson a déformés et réduits

Les Brugnons, nommés aussi Nectarines, sont des fruits exquis très voisins des Pêches; conservez-les comme cette dernière et préparez-les surtout entiers au sirop de sucre.

SUCCESSION DES OPÉRATIONS. — Choisissez des fruits moyens mûrs à point, brossez-les, piquez chacun d'eux jusqu'au noyau. Blanchissez rafraîchissez, égouttez sur une serviette. Mettez en flacons, mouillez de sirop de sucre et stérilisez au bain-marie.

I. — QUELLES VARIÉTÉS PRÉFÉRER ?

C'est au jardin que préférablement vous cueillerez votre provision ; l'espalier et le plein vent fournissent, en Août et Septembre, pour la table, une quantité de fruits des plus appréciables ; que les plus jolis y paraissent délicatement rehaussés du tissu fin et veiné de la Vigne et que les moyens soient conservés pour l'Hiver.

Lors des années de production abondante, profitez des largesses de la nature, prélevez sur cette récolte le nombre de fruits qu'il vous plaira.

Mais il y a les Pêches hâtives et les Pêches tardives, les Pêches dures dont le noyau est adhérent et les Pêches tendres qui se coupent facilement, lesquelles préférer ?

J'estime que les premières, telles les *Amsden*, *Précoce Alexander*, *Early of All*, etc., ne sont pas recommandables en raison même de leur précocité. Bien qu'excellentes à déguster fraîches, elles n'ont pas la saveur sucrée et veloutée de celles qui mûrissent en Août-Septembre et, de plus, le noyau adhérant à la chair ne permet pas la Conserve par fractions, ou il faut les couper bien petites, ce qui a beaucoup moins d'apparence que les fruits entiers. Les dernières, celles qui mûrissent à l'arrière-saison, sont généralement très grosses et moins sucrées que les précédentes. Pour ces raisons, je ne vous les recommande donc pas. En effet, trois à peine arrivent à pouvoir être contenues dans un bocal ; c'est coûteux et peu commode en raison du nombre de récipients dont il faut disposer.

C'est donc en Août-Septembre qu'il est préférable de faire cette préparation ; les variétés comme *Alexis Lepère*, *Reine des Vergers*, *Grosse Mignonne hâtive*, *Vilmorin*, etc., qui mûrissent leurs fruits à cette époque, sont tout indiquées pour cela.

II. — CUEILLEZ ET TRIEZ LES PÊCHES.

Préférez les fruits moyens, dont il rentre dix à douze dans un bocal. Cueillez-les par un temps sec et placez-les un à un, le plus délicatement possible, dans une corbeille dont les parois ont reçu une garniture de feuilles disposées sur de l'ouate ou des frisures légères de bois. Ce fond moelleux amortit les chocs ; car, si la Pêche est le fruit le plus délicieux, c'est aussi le plus fragile. Détachez lentement le fruit de la branche pour ne pas l'endommager ; emprisonnez-le dans la paume de la main et soulevez doucement ; cette pesée agit sur le pédoncule du fruit mûr, qui se détache de lui-même. Quand il est incomplètement mûr, il est impossible de l'en séparer, et la branche cède si l'on insiste pour le cueillir.

Recherchez les fruits mûrs à point, bien carminés, de bonne forme et absolument intacts ; autant que possible, faites-en un choix régulier, cela est toujours préférable, pour n'importe quelle préparation. En plus du bon effet qu'un tel ensemble produit, il faut noter que, pour cuire un gros fruit bien en chair, cela nécessite plus de temps que pour un moyen ou un petit, en sorte que, si vous avez un mélange, les petits sont déformés, alors que les gros sont encore croquants.

Devez-vous au contraire vous procurer les fruits chez un primeuriste ou au marché, vérifiez l'état de l'épiderme. Il est préférable de payer les fruits plus cher que d'avoir la désagréable surprise de constater parmi votre acquisition des Pêches froissées dont la chair juteuse est ternie. N'achetez pas dans ces conditions ; choisissez celles qui se rapprochent des fruits que vous auriez cueillis vous-même, et dont les formes rebondies sont tendues à éclater.

Vous pourriez vous étonner que je vous parle surtout des Pêches d'espalier : c'est uniquement parce qu'elles sont mieux soignées dans le centre de la France que les Pêches de plein vent ; mais, si vous habitez une région où ces fruits sont beaux, notamment quand on prend la peine d'effeuiller[1] l'arbre, elles ont à peu près la même valeur que les autres.

Pendant le triage et la vérification des fruits, préparez le sirop de sucre, car le blanchiment des Pêches qui doit succéder au brossage est très court, et il convient de ne pas faire attendre les fruits.

III. — BROSSEZ L'ÉPIDERME DÉLICAT DES PÊCHES.

L'épiderme joliment carminé des Pêches est recouvert

1. *La Vie à la Campagne*, POUR BIEN CUEILLIR, TRIER ET EMBALLER LES PÊCHES, Vol. II, n° 20, p. 55 : PÊCHES BIEN EMBALLÉES, SAINES ET VELOUTÉES, Vol. II, n° 19, p. 10.

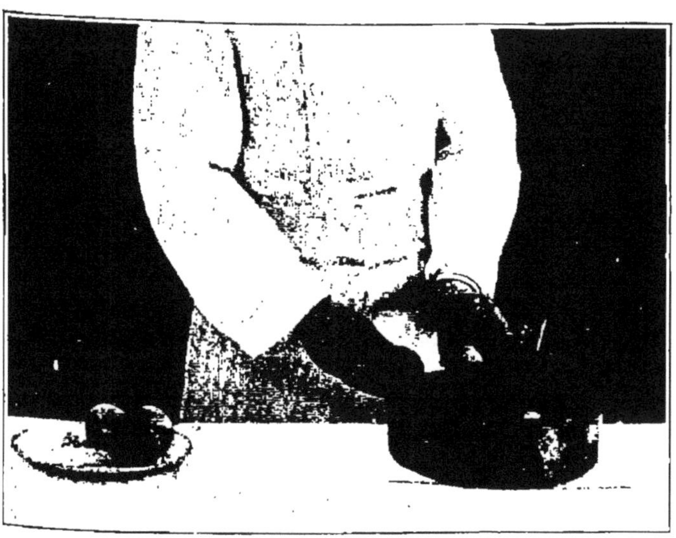

FIG. 68. — PELEZ RAPIDEMENT LES PÊCHES.
Plongez les Pêches dans une bassine en cuivre ou tout autre ustensile de cuisine non étamé, et laissez-les infuser quelques minutes hors du feu.

FIG. 69. — ÉPLUCHEZ LES FRUITS.
A la suite de l'immersion dans le liquide bouillant les Pêches se pèlent avec la plus grande facilité. Procédez délicatement pour que les doigts ne marquent pas la chair.

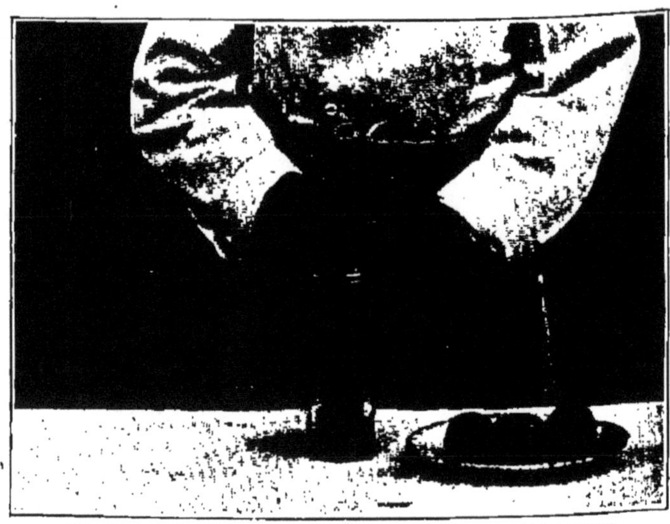

FIG. 70. — INTRODUISEZ LES PÊCHES UNE A UNE EN FLACONS.
Les flacons cylindriques étroits sont peu pratiques pour les gros fruits, car cinq à six seulement peuvent y être placés. Le flacon cylindrique d'un litre est beaucoup plus économique.

FIG. 71. — LE SIROP DE SUCRE DOIT ÊTRE CHAUD.
Rappelez-vous que si le sirop est froid, les fruits ne s'en imprègnent pas, et qu'il donne aux Pêches une teinte ivoirine. Arrosez donc les fruits de sirop de sucre chaud aussitôt leur mise en flacons et jusqu'à deux centimètres du col du flacon.

d'une couche fine, sorte de duvet blanchâtre, dont la disparition est nécessaire.

Pour cela, enlevez celui-ci à l'aide d'une petite brosse excessivement douce. Saisissez le fruit en plaçant les doigts dans les sillons naturels qui forment des sortes de fossettes. Les doigts du dessus tiennent le fruit et ceux du dessous, à plat, le soutiennent. Dans cette sorte d'étau, obligez le fruit à tourner sur lui-même ; ce sont les doigts du dessous qui lui impriment ce mouvement tournant, de telle façon qu'il pivote dans la main en présentant ainsi ses faces successivement pour être brossées.

Néanmoins, ne manipulez pas trop les fruits; la moindre pression un peu dure et brusque s'imprime dans leur chair et les rend inutilisables. En les tenant ainsi que je vous l'ai dit plus haut, cet ennui n'est pas à redouter. En même temps, vérifiez encore chacun des fruits et éliminez sans hésitation ceux tachés, piqués de noir ou abîmés.

Quand toutes les Pêches sont brossées, piquez-les avec une longue aiguille jusqu'au noyau, afin que, lors du blanchiment, la chaleur pénètre au travers des molécules et, partant, jusqu'au noyau, force la Pêche à rendre son eau — car c'est un fruit très aqueux — et détruit en même temps le peu d'acidité du fruit.

Piquez donc huit à dix fois du côté du pédoncule et frappez chaque fois le noyau. Pour réussir, dirigez votre épingle de haut en bas.

Voici que survient la phase un peu épineuse de la Conserve : savoir blanchir les fruits sans que leur épiderme éclate et s'enlève par parcelles, ce qui détruirait le bon aspect de l'ensemble.

IV. — BLANCHISSEZ LES PÊCHES.

Les Pêches se conservant avec leur noyau, il est indispensable de les soumettre au blanchiment, car la chaleur traversant lentement le fruit exercerait pendant trop peu de temps son action aseptique sur lui. Procédez au blanchiment avec méthode.

Mettez de l'eau jusqu'à une hauteur de 25 centimètres environ dans une bassine en cuivre ; plongez-y les Pêches et menez à feu doux pour commencer. Les fruits mis dans l'eau ont gagné le fond de la bassine ; mais, au fur et à mesure que l'eau s'échauffe et approche de son point d'ébullition, elles montent à la surface. Observez bien cela et dès que vous vous apercevez que les Pêches montent, faites-leur faire volte-face avec l'écumoire, de telle façon qu'elles soient complètement retournées ; quand toutes le sont, surveillez attentivement, pour saisir le moment où il va falloir les enlever. Ce moment précis est quand l'eau chante et que les bulles montent en perles à la surface.

La difficulté, si difficulté il y a, est de conserver aux fruits leur épiderme intact ; ne laissez pas bouillir, enlevez préférablement trois minutes avant. Si vous les laissiez bouillir, l'épiderme délicat du fruit se fendillerait, la peau se crevasserait, mettant la chair à vif ; vous feriez alors des Pêches pelées dont la qualité n'est pas diminuée, mais elles n'ont plus la beauté de celles-ci.

Comme conséquence du blanchiment, la coloration rouge, chaude et riche, s'est atténuée, tandis que l'eau est devenue délicatement cramoisie.

V. — PLONGEZ LES PÊCHES DANS L'EAU FROIDE.

Le blanchiment amollissant les tissus des Pêches et tendant à les déformer un peu lorsqu'elles sont mûres à point, rendez-leur un peu de leur fermeté initiale en les refroidissant par une rapide immersion dans l'eau. Pour cela, levez les Pêches avec une écumoire à fruits, et prenez-les délicatement. Je vous conseille cet ustensile, parce qu'à la suite d'un faux mouvement, d'une mauvaise direction donnée, les bords tranchants d'une écumoire ordinaire ont vite fait de détériorer quelques Pêches. Après les avoir dressées sur l'écumoire, plongez-les aussitôt dans une eau très fraîche, courante de préférence; si vous ne le pouvez pas, dans un récipient dont vous renouvellerez l'eau quand elle vous semblera avoir légèrement tiédi.

Il suffit d'attendre dix à quinze minutes pour que le rafraîchissage ait fait son œuvre de raffermissement des tissus; préparez-vous maintenant à les débarrasser de l'eau dont leur épiderme est recouvert, car il les faut très ressuyées pour les mettre dans les bocaux. Étendez sur une table une serviette usagée, très spongieuse, ployée en quatre ou huit, levez les Pêches avec l'écumoire et faites-les reposer doucement sur cette serviette, afin que celle-ci absorbe l'eau qui s'écoule en gouttelettes de leur épiderme. Prenez délicatement chaque fruit, en le faisant glisser plus doucement encore, et attendez le même temps que pour le rafraîchissage. Mettez les fruits en flacons en vous aidant d'une spatule, mouillez de sirop de sucre chaud titrant 28 degrés et laissez un vide de deux centimètres environ, car il faut tenir compte de l'augmentation de volume du liquide en bouillant et du jus des fruits.

Les flacons : litre et demi-litre dans les formes cylindriques sont parfaits pour les Pêches. Pour les bocaux des bouchages hermétiques, *ébullitionnez quarante minutes pour les litres, trente minutes pour les demi-litres. Quant aux bocaux du bouchage pneumatique, désoxygénez jusqu'à 80 degrés, pincez les tétons, chauffez deux minutes, arrêtez le feu et laissez refroidir dans le bain.*

Voici, Madame, une recette de plus et la perspective de savourer, lorsque vous le désirez, les bonnes Pêches du jardin ou du verger.

VI. — PÊCHES ENTIÈRES PELÉES.

Conservez les Pêches pelées absolument comme s'il s'agissait des fruits entiers au sirop. Même choix de fruits, mêmes soins, bocaux et temps de cuisson identiques. La seule différence est dans l'ébouillantage des fruits, afin de les peler rapidement, cet ébouillantage remplace le blanchiment ; et, de ce fait, le rafraîchissage est supprimé.

SUCCESSION DES OPÉRATIONS. — Prenez des fruits mûrs, brossez-les, ébouillantez chacun d'eux et enlevez l'épiderme, mettez égoutter. Placez en flacons, arrosez de sirop de sucre. Bouchez et stérilisez.

Nous vous avons indiqué Chap. III, § 5, comment peler les fruits délicats dans de bonnes conditions. Dès que vous constatez que l'épiderme des Pêches s'enlève facilement, préparez sur la table de cuisine le matelas pour l'égouttage. En très peu de temps, dix à quinze minutes, la quantité nécessaire pour un bocal est pelée, introduisez donc les fruits en flacons, mouillez aussitôt de sirop chaud pour que les fruits ne prennent pas la teinte du vieil ivoire et bouchez.

Dès que vous constatez que l'eau du bouilleur correspond à peu près avec la chaleur des bocaux, introduisez-les dans les cases de celui-ci et donnez le même temps de cuisson que pour les Pêches entières au sirop.

VII. — PÊCHES AU SIROP RENFORCÉ.

La préparation des Pêches au sirop renforcé d'alcool ou d'eau-de-vie blanche à fruits diffère quelque peu de la préparation au sirop simple. Faites subir une légère cuisson aux fruits après le blanchiment, puis renforcez le sirop d'eau-de-vie blanche « à fruits » lors de la mise en flacons; cet alcool communique aux Pêches un parfum spécial, assurant une conservation parfaite sans qu'il soit utile de mettre les flacons à stériliser.

SUCCESSION DES OPÉRATIONS. — Choisissez, brossez les fruits, piquez-les ; blanchissez, rafraîchissez à l'eau courante, égouttez. Après le ressuyage plongez à nouveau les Pêches dans le sirop de sucre, mettez en flacons, mouillez de sirop, stérilisez ou non.

Après avoir brossé, piqué, rafraîchi, blanchi les Pêches, et aussitôt qu'elles ont rendu l'eau de raffermissage, réchauffez-les dans le sirop de sucre titrant 28 à 30 degrés et préalablement fait. Quand le sirop est à point et un peu refroidi, glissez les Pêches avec l'écumoire, par quatre ; laissez-les s'habituer à la chaleur douce ; après cinq minutes de cuisson stimulez l'ardeur du feu sans le rendre trop vif et clair, cependant. Soignez les Pêches de très près, et après dix à quinze minutes de cuisson dans le sirop, lorsque vous remarquez qu'elles mollissent sous les doigts, mettez-les en flacons.

Introduisez les Pêches une à une dans le flacon — mêmes grandeurs que pour les Pêches entières — et disposez-les au mieux afin d'en faire tenir le plus possible. Les Pêches se perchent les unes sur les autres laissant entre elles des vides qu'il faut combler. Tournez ainsi la difficulté : placez au fond et sur le flanc les plus grosses, si elles peuvent tenir, trois ou quatre, puis disposez les autres au mieux. Dix ou quinze fruits moyens entrent dans un bocal d'un litre. Faites à nouveau bouillir le sirop de sucre pour qu'il regagne son degré initial ; ajoutez alors un quart de litre d'alcool pour un litre de sirop de sucre. Faites bouillir à nouveau trois ou quatre minutes, mélangez très intimement et versez sur les fruits jusqu'aux bords du flacon.

Il s'agit maintenant de procéder à la fermeture hermétique des flacons. Vous pouvez l'assurer de deux manières : la première, la plus simple, consiste à mettre les flacons, une fois les Pêches placées, le sirop versé, le couvercle posé et soutenu par le ressort, dans le bouilleur en portant l'eau à l'ébullition, même temps de cuisson que précédemment.

La seconde manière consiste à verser le sirop bouillant sur les Pêches et à poser de suite les couvercle et ressort. Glissez dans ce cas le caoutchouc lorsqu'il n'est pas adhérent au couvercle avant la mise des Pêches en flacons, car il faut opérer vivement. Versez immédiatement sur le sirop bouillant, bouchez et posez le ressort.

Si, le lendemain, le couvercle n'est pas hermétiquement clos, ce que vous vérifierez ainsi que nous vous l'avons déjà dit (Vol. I, Chap. VIII, § 3, 4, 6), il suffit de faire chauffer à nouveau le sirop à part et de le verser sur les fruits en procédant comme il est dit ci-dessus.

Lorsque les Pêches doivent être stérilisées par la cuisson dans le bouilleur, introduisez seulement les flacons dans l'eau lorsque celle-ci est tiède, car la transition des bocaux chauds dans un liquide froid — le sirop venant d'être versé chaud — est susceptible de provoquer le bris des verres.

CHAPITRE XVIII

LES DEMI-PÊCHES ET LES PÊCHES ENTIÈRES AU KIRSCH

I. Coupez les fruits en deux. || II. Pour séparer nettement les deux fractions. || III. Faites-les macérer dans le kirsch. || IV. Mise en flacons des Pêches pelées. || V. Pêches entières au kirsch.

La préparation des demi-Pêches au kirsch, qui constitue un dessert encore plus recherché et plus fin que les Pêches entières, est une des plus faciles à réaliser.

Si la confection de cette Conserve est bien menée, les fractions doivent être nettement coupées et donner l'illusion des fruits frais par la blancheur nacrée de leur chair.

La manière de préparer les demi-Pêches au kirsch rappelle celle des Ananas par la composition des mêmes bains sucrés aromatisés où les fractions baignent avant d'être mises en flacons, car elles ne sont pas blanchies, mais mises à macérer au sirop relevé de kirsch tant que dure leur apprêt. Avant d'être mises en flacons ce même sirop est filtré et remonté en degrés, puis renforcé de kirsch.

SUCCESSION DES OPÉRATIONS. — Prenez des fruits moyens, mûrs à point, brossez et fractionnez chaque fruit en

FIG. 72, 73, 74, 75. — POUR BIEN SECTIONNER LES PÊCHES.

Placez le pouce et l'index dans les cavités naturelles du fruit et suivez avec le couteau la ligne de séparation de la Pêche en l'entrant jusqu'au noyau. Pour détacher nettement les deux fractions, placez les mêmes doigts des deux mains à la place primitive et faites subir un léger mouvement de rotation arrière aux deux fractions, ce qui brise les filaments adhérents au noyau et en détache la chair d'une façon parfaite.

FIG. 76. — FAITES MACÉRER LES FRACTIONS DANS DU KIRSCH SUCRÉ.
Au fur et à mesure que vous pelez les fractions de Pêches, mettez-les macérer dans du sirop de sucre tiède rehaussé d'alcool; de cette façon elles gardent leur couleur diaphane et se parfument délicieusement.

FIG. 77. — PLACEZ LES FRACTIONS A LA FOURCHETTE.
Saisissez chaque fraction séparément et maintenez-la à l'extrémité des dents de la fourchette. Inclinez-la en avant quand vous l'introduisez dans le flacon, afin d'en faciliter son placement sur les autres. Chevauchez la seconde sur la première et ainsi de suite.

deux ; enlevez la peau, mettez en fractions dans le sirop de sucre aromatisé de kirsch, mouillez de sirop de sucre rehaussé de kirsch, bouchez et stérilisez.

Pour préparer les Pêches au kirsch, choisissez les mêmes variétés et les fruits ainsi que je vous l'ai déjà indiqué pour les Pêches conservées en entier. Brossez-les de la même façon ; mais j'attire votre attention sur la bonne et la mauvaise manière de couper la Pêche, car ce détail infime a son utilité, tant il concourt à la belle harmonie de la présentation.

En général, quand les doigts sont placés juste sur les faces les plus rebondies d'une Pêche, sa chair tellement fragile supporte difficilement le toucher et, à la plus minime pression, les doigts s'incrustent et s'impriment dans le fruit ; la belle couleur blanc pur se ternit en jaune rouillé au bout de peu de temps ; et d'autant plus vivement que le fruit est bien mûr.

I. — COUPEZ LES FRUITS EN DEUX.

Séparer nettement une Pêche en deux fractions ne présente en soi aucune difficulté extrême ; mais il convient d'user de mouvements entendus et sûrs. Dans le choix des fruits, il s'en glisse parfois quelques-uns plus résistants de par leur nature même ou le manque de maturité : vous agirez donc différemment.

Pour les fruits mûrs, pratiquez ainsi : placez délicatement les doigts dans les deux cavités, supérieure et inférieure, du fruit, le pouce en dessous et l'index au-dessus, le pouce ayant une empreinte plus forte qu'il est bon d'atténuer. Avec un couteau à lame d'argent — qui ne tache pas la chair de noir, même après un long travail, défaut particulier à ceux à lame d'acier — pratiquez l'incision en la commençant dans le sillon naturel du fruit. Entamez profondément la chair, principalement à l'endroit du pédoncule, afin de sectionner radicalement les ligaments plus coriaces qui tiennent au noyau. Suivez cette ligne jusqu'au point de rencontre de la coupe ; que celle-ci soit régulière, nette et profonde. Ne déplacez pas le couteau, il doit suivre son trajet sans jamais revenir en arrière. Si vous pratiquiez ainsi, vous feriez des hachures, tandis qu'il faut au contraire les éviter : les fractions nettes et lisses sont nécessaires.

II. — POUR SÉPARER NETTEMENT LES DEUX FRACTIONS.

Quand le fruit est mûr à point, et si l'opération est bien conduite, la Pêche se sépare sous la simple pression de la lame qui sert de levier ; mais, quand le fruit l'est moins et par conséquent un peu ferme, une légère résistance subsiste lors de la séparation, et un fragment de chair reste attaché à la moitié voisine.

Vous éviterez l'inconvénient signalé qui laisse une partie de la chair adhérente au noyau et détériore une fraction, en procédant ainsi : après avoir incisé le fruit de part en part jusqu'au noyau, placez de nouveau les doigts, pouce et index de la main gauche à leur place primitive. Appliquez les mêmes doigts de la main droite sur la face droite ; ceux de la main gauche sur la face du fruit, les ongles des deux mains se touchant presque.

Dans cette position, sans presser, faites subir un léger mouvement de rotation à chacune des deux moitiés du fruit, mais en sens contraire ; le côté droit se dirigeant de haut en bas et le gauche tournant régulièrement du côté opposé.

Ces deux mouvements contrariés ont pour effet de détacher et de briser les filaments qui s'incrustent dans les cavités du noyau et de bien détacher celui-ci de la chair du fruit. Tirez les deux fractions en dehors et de chaque côté ; elles se séparent nettement sans écorchure.

Deux temps bien définis sont donc exécutés avant l'ouverture de la Pêche ; la coupe d'abord qui la sectionne en deux moitiés, et le double mouvement inverse de rotation qui les détache du noyau et les sépare nettement l'une de l'autre et de celui-ci.

Prenez soin de préparer avant l'épluchage le sirop de sucre à chaud ou à froid comme vous le préférez ; puisque les fruits doivent être ébullitionnés, cela n'a qu'une importance relative.

Mettez donc le sirop de sucre dans un récipient suffisamment grand. Les Pêches attendront ainsi sans dommage dans le bain parfumé, dans lequel vous les plongez, comme je vais vous le dire, au fur et à mesure de leur épluchage et de leur sectionnement par moitié.

III. — FAITES-LES MACÉRER DANS LE KIRSCH.

La Pêche fractionnée en deux, procédez à l'enlèvement de la peau. Prenez soin de préparer, avant cette manutention, un récipient assez creux destiné à recevoir, au fur et à mesure qu'elles sont pelées, les fractions de fruits qui doivent baigner dans le sirop de sucre aromatisé de kirsch.

Versez donc par bocal de fruit, dans un plat creux, une jatte ou une coupe, la valeur d'un verre à madère de bon kirsch auquel vous ajoutez un grand verre de sirop de sucre titrant 28 degrés ; mêlez le tout pour que le kirsch se mélange intimement avec lui.

Augmentez ou diminuez la quantité de ce liquide à volonté, car l'essentiel est que les fruits trempent complètement dedans. Si cette précaution n'est pas prise à temps, toutes les fractions jaunissent ; l'alcool a pour but d'éviter cette horrible teinte qui n'enlève aucune saveur aux fruits, mais leur retire néanmoins leur belle apparence.

Ne commencez jamais l'épluchage d'un fruit avant que le précédent soit complètement terminé ; les Pêches ne doivent pas attendre.

Enlever la peau carminée n'est plus qu'un jeu maintenant ; placez la main gauche sous la partie interne du fruit et posez le pouce tout à fait au bord ; cherchez délicatement le long de la déchirure provoquée par la coupure, avec le couteau, un fragment d'épiderme détaché ; tirez vers vous, et la peau s'enlève comme une pelure. Opérez lentement afin que celle-ci ne se casse pas au milieu, cela vous obligerait à entamer légèrement le dessus pour forcer la peau à s'enlever à nouveau.

A l'une des fractions adhère parfois encore le noyau ; soulevez-le avec la pointe du couteau pour qu'il se détache ; mais si vous sentez une petite résistance, faites-le basculer en vous aidant des deux premiers doigts de la main droite.

Glissez le fruit dans le kirsch sucré et veillez surtout au cours de l'épluchage à ce que les fractions en soient toujours recouvertes.

Si vous éprouvez une difficulté quelconque à peler les fruits — ce qui n'arrive jamais lorsque les Pêches sont mûres à point — plongez quelques secondes les fractions dans l'eau bouillante, elles se pèlent alors facilement. Je vous recommande d'user de ce moyen en cas de nécessité absolue, car les fruits sont plus savoureux s'ils ne baignent pas dans l'eau.

LES DEMI-PÊCHES ET PÊCHES AU KIRSCH

IV. — MISE EN FLACONS DES PÊCHES.

Servez-vous pour cette préparation de bocaux d'un demi-litre lesquels sont suffisamment grands dans la plupart des cas, puisqu'il y entre neuf à dix Pêches, permettant de composer un compotier copieux.

Procédez méthodiquement, c'est-à-dire n'entreprenez pas la garniture de plusieurs bocaux à la fois. Il est nécessaire de les remplir un à un. Naturellement, je vous conseille de prendre en premier dans le récipient les fractions qui ont été mises au début de l'épluchage ; ainsi vous terminerez par les dernières fractions de Pêches préparées, qui ont ainsi le temps de se saturer de sirop et de kirsch.

Commencez la garniture du bocal en posant à plat la première fraction de Pêche, quelquefois deux suivant la grosseur des fruits ; chevauchez la seconde sur la première quand le fruit est de belle taille, puis les autres au mieux au-dessus d'elles, de façon qu'elles s'enclavent les unes dans les autres et en prenant soin d'en placer le plus possible. Du reste, cela est très facile, la fourchette se glissant là où la main ne saurait parvenir.

Saisissez donc les fractions une à une et maintenez-les en équilibre à l'extrémité des dents de la fourchette. Inclinez fortement celle-ci en avant pour faciliter la chute de la demi-pêche sur les autres. Ne laissez jamais les fractions à l'air et, au fur et à mesure que le vide du bocal diminue, arrosez-les de sirop de sucre aromatisé de kirsch dans la proportion de deux verres à madère pour un litre de sirop — non pas le kirsch de fantaisie, dont le parfum artificiel s'évapore vite pendant la cuisson —

mais du bon vrai kirsch qui s'imprègne dans la chair et parfume agréablement les tranches.

Frappez légèrement le fond du bocal pour que les fractions se tassent d'elles-mêmes, et laissez un vide de 3 centimètres. Posez le caoutchouc, *bouchez le bocal, fixez le ressort pour les flacons à fermetures hermétiques, mettez bouillir pendant une demi-heure pour les demi-litres, quarante minutes pour les litres et ne les laissez pas refroidir dans le bain ; le lendemain seulement, vérifiez si la stérilisation est parfaite. Pour les flacons du bouchage pneumatique, désoxygénez jusqu'à 80 degrés, pincez les tétons, chauffez deux minutes, arrêtez le feu et laissez refroidir dans le bain.*

En suivant ces indications, vous aurez une gourmandise de plus à serrer dans votre placard aux réserves, près des Cerises et des Fraises aux couleurs vives, des Abricots, des Prunes aux teintes doucement atténuées.

V. — PÊCHES ENTIÈRES AU KIRSCH.

Les Pêches au kirsch se conservent absolument de la même façon que les Pêches au sirop renforcé ; je crois toutefois préférable de vous conseiller de limiter cette préparation aux fruits pelés et fractionnés dont nous vous donnons ci-dessus les détails de préparation ; le résultat est bien supérieur.

En voici la raison : alors que les fruits entiers au sirop gardent un parfum agréable et sont exquis, les Pêches au kirsch, qui devraient l'être davantage, puisque l'alcool et le sucre combinés dans des proportions définies développent et font ressortir leur goût et leur parfum, ne se ressentent pas des excellents produits dans lesquels elles ont macéré et cuit. J'incriminerai alors l'épiderme et le noyau resté dans le fruit; si vous voulez néanmoins tenter l'expérience, ne prenez que des fruits de bonnes variétés, parfumés et juteux; sinon abstenez-vous de préparer les Pêches entières non pelées au kirsch.

CHAPITRE XIX

LES POIRES

I. Les qualités d'un bon fruit. || II. Préparez le sirop de sucre avant de peler les fruits. || III. Pelez soigneusement les Poires. || IV. Préférez les formes de bocaux pratiques. || V. Dernières manipulations. || VI. Une intéressante variante. || VII. Préparation des Poires entières.

Les Poires fraîches, succulentes et savoureuses, sont appréciées par tous les amateurs de fruits.

Dans le plus modeste verger, quelques bonnes variétés d'Automne et d'Hiver lancent invariablement le fuseau fin de leur quenouille, et la récolte, aussi peu abondante soit-elle, permet de déguster d'Août à Octobre les variétés à maturité immédiate, tandis qu'à partir de ce mois s'échelonnent jusqu'en Avril les variétés de garde, à maturité plus tardive.

Mais ces spécimens de choix ne suffisent pas à la consommation de tout un Hiver, et il est d'autant plus intéressant de conserver quelques flacons de fruits mûrs en Septembre-Octobre, que les fruits de cette période ne se gardent pas comme ceux d'Automne, et que le jardin fournit encore un contingent très important de fruits frais, depuis les Poires et les Framboises remontantes jusqu'aux fruits à noyaux tardifs et aux Pommes déjà moins acides.

FIG. 78. — SECTIONNEZ LA POIRE EN QUATRE.
La Poire pelée, coupez-la en deux fractions : puis reprenez chacune d'elles et faites au milieu une coupe nette qui passe par la ligne fibreuse constituant le cœur.

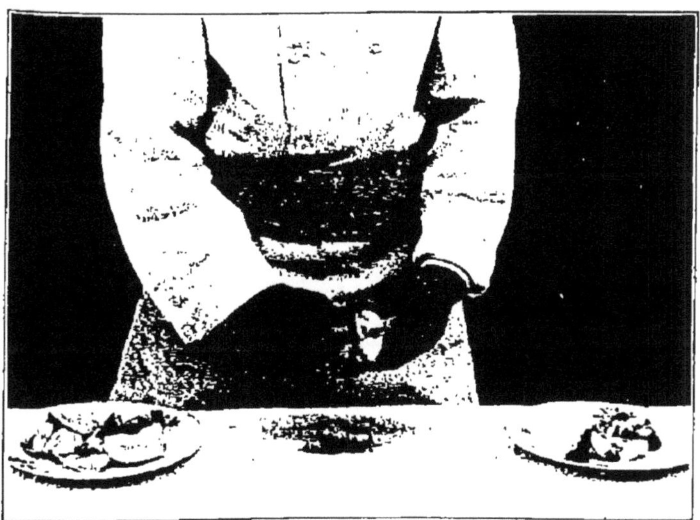

FIG. 79. — ENLEVEZ LE CŒUR ET LES PÉPINS.
Creusez chaque fraction au centre même, en faisant effectuer au couteau un mouvement en courbe, de façon que la lame ressorte du fruit le fil en l'air.

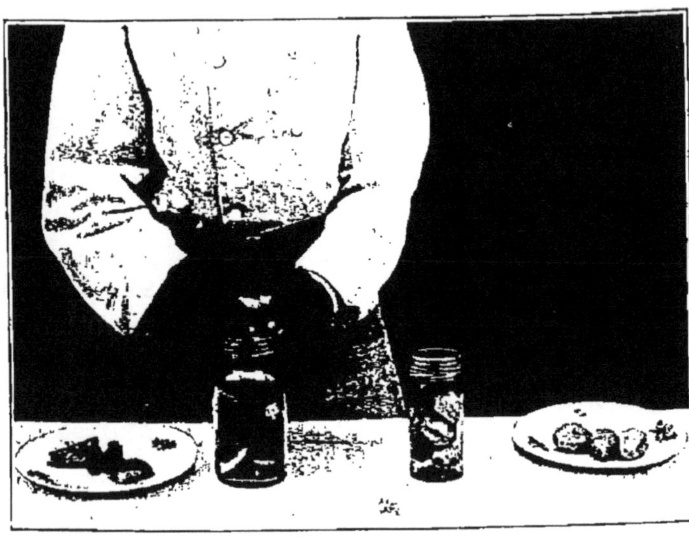

FIG. 80. — INTRODUISEZ LES FRACTIONS DE FRUIT DANS LE BOCAL.
Ne laissez pas tomber brutalement au fond les premières fractions ; posez-les sur une cuiller ou sur la batte que vous introduisez dans le bocal, et faites-les glisser comme sur un plan incliné.

FIG. 81. — MOUILLEZ LES FRUITS DE SIROP.
Pour retenir les parcelles de fruit en suspension dans le sirop où les Poires ont macéré, filtrez-le ou passez-le à travers un tamis très fin. Bouchez ensuite le flacon et mettez-le au bouilleur ou à l'autoclave.

Les variétés de Poires sont nombreuses, différant un peu avec chaque province, s'augmentant encore des variétés locales le plus souvent exquises que vous pourrez toutes réserver, à la condition que le fruit soit fondant et sucré.

Vous avez ainsi le grand avantage d'utiliser les variétés dont vous disposez : les Beurrés et les Doyennés ; mais, parmi les plus recommandables vous trouverez certainement au verger la William, la Louise-Bonne, le Beurré Clairjeau, toutes trois également exquises, ainsi que celles qui mûrissent leurs fruits d'Août à Octobre.

Mises en Conserves, elles constituent des provisions excellentes qui sont d'une grande ressource l'Hiver, en raison de leur finesse et de leur saveur exquises. Ajoutez à cela que leurs fractions bien constituées donnent la faculté de dresser des coupes de fruits fort appétissantes, appoint qui n'est nullement à dédaigner hors saison.

Certainement, la Conserve de Poires au sirop est une des préparations sucrées qui garde le mieux et intégralement le parfum des fruits ; ils acquièrent à la cuisson une finesse et une fraîcheur particulières. La William, au goût musqué, est très agréable, mais je vous conseille plutôt la Louise-Bonne, à chair fine, agréablement sucrée et délicieusement parfumée : c'est le meilleur fruit à maturité précoce.

Le Beurré Clairgeau est également exquis en Conserves ; ce fruit est très parfumé et onctueux avec une teinte rose brasier des plus appétissante.

SUCCESSION DES OPÉRATIONS. — Prenez des fruits mûrs à point. Pelez-les et fractionnez-les en quatre, évidez le cœur et enlevez les pépins. Plongez les quartiers dans le sirop de sucre chaud. Mettez en flacons lorsque toutes les Poires sont pelées, mouillez de sirop, bouchez et ébullitionnez.

LES CONSERVES A LA MAISON

I. — LES QUALITÉS D'UN BON FRUIT.

Ne vous laissez pas influencer par la dénomination du fruit, la condition essentielle est qu'il soit savoureux d'abord, sans âcreté, juteux, sucré et mûr à point ensuite. A défaut d'une des variétés précédemment citées, utilisez celles dont vous disposez et surtout maintes sortes locales dont il est de si savoureuses.

Faites un choix sévère, cueillez les Poires comme les Pêches, et ne prenez que des fruits minutieusement triés.

Bannissez ceux trop croquants, les fruits blets ou trop mûrs; les premiers n'ont pas encore toutes les qualités désirables et les seconds, passés, n'en n'ont plus guère. Rejetez aussi, par conséquent, les Poires piquées par les insectes, tarées par la maladie, calebassées, pierreuses, déformées ou portant d'autres traces d'altération.

Préférez les fruits moyens d'un rendement plus avantageux que les petits, car ceux-ci donnent un déchet trop grand par rapport à leur poids et les fractions trop minuscules ont une apparence moins belle. Pour cette même raison, rejetez les fruits tarés, véreux et piqués, une deuxième condition incite à les évincer : la perspective de contamination doublée de la déformation que produit le nettoyage.

Prenez donc de préférence des fruits de belle forme plutôt que ceux ronds et massifs; ils sont plus avantageux comme rendement.

La netteté brillante de l'épiderme ajoutée à la finesse du grain de la peau constitue une indication précieuse et sûre du degré de maturité, de même que ces remarques renseignent sur la finesse de la chair. Veillez donc à ces deux particularités et, je le répète, ne choisissez que des fruits lisses, bien faits, de coloration vert-jaunâtre clair.

II. — PRÉPAREZ LE SIROP DE SUCRE AVANT DE PELER LES FRUITS.

Tout en n'étant pas aussi fragile que la Pêche, la Poire est assez délicate et demande quelque attention si vous tenez à conserver sa blancheur intacte, ou à l'avoir délicatement rosée ou cuivrée, bien qu'il y ait aussi des variétés qui rougissent en cuisant. En effet, aussitôt pelée, sa chair, mûre à point, perd vite cette teinte diaphane, se fonce, tourne au roussâtre si elle reste longtemps à l'air libre.

Pour éviter ce virage désagréable, je vous conseille, préférablement au bain acidulé au citron ou à la baignade dans l'eau glacée, recommandés très souvent, de préparer le sirop de sucre à froid (Chap. II, § 2) avant de peler les fruits; puis de les mettre dans celui-ci au fur et à mesure que vous enlevez la peau et sectionnez les Poires, comme vous l'avez fait pour les demi-Pêches au kirsch et les Ananas en fractions. Ainsi, elles gardent leur fraîcheur et leur netteté; car, bien que la teinte roussâtre n'entame en rien leurs qualités, elle est peu agréable à voir et moins appétissante.

III. — PELEZ SOIGNEUSEMENT LES POIRES.

Cette opération, couramment pratiquée, est très simple, mais elle demande un peu d'habileté si vous tenez à avoir des Conserves nettes.

Prenez un couteau de cuisine à lame très fine et bien tranchante, facilitant le travail et permettant aussi de n'enlever qu'une mince pellicule de chair, ou mieux prenez un couteau à lame d'argent qui ne noircit pas.

Tenez le fruit légèrement oblique de façon qu'il présente une face inclinée, sur laquelle le couteau glisse sans heurt et dont il entame nettement l'épiderme. Agissez dextrement, sans hésitation ; vous évitez les hachures toujours préjudiciables à la bonne présentation.

Commencez par la base du fruit, et avec la pointe du couteau, faites un petit creux, pour enlever l'œil supérieur; descendez jusqu'au pédoncule comme si vous vouliez tailler des langues d'écorce régulières ; donnez-leur environ 1 centimètre de largeur et faites-en autant qu'il est nécessaire, toujours dans le même sens, en faisant tourner le fruit jusqu'à ce que la peau ait complètement disparu.

Coupez ensuite la Poire au milieu longitudinalement et, dans ces deux fractions, faites au centre de chacune une coupe nette, en prenant comme limite la ligne fibreuse qui constitue le cœur du fruit. Vous obtenez ainsi quatre fractions ; commencez par supprimer le pédoncule et avec lui les fils qui y adhèrent.

Creusez chaque fraction au centre pour enlever le cœur et les pépins ; ne l'entamez pas trop cependant, afin que l'excavation ne soit pas très prononcée. Pour y parvenir, tenez la lame du couteau bien verticale ; aussitôt qu'elle mord à fond la chair, obligez-la à effectuer le mouvement contraire — en bateau — de façon qu'elle sorte du fruit le fil en l'air.

Après ce nettoyage, ou plutôt au fur et à mesure que vous y procédez, plongez les fruits dans le sirop chaud titrant 25 degrés et pesez dessus avec l'écumoire pour qu'ils en soient recouverts. Dès que vous avez réuni une quantité suffisante pour remplir un ou plusieurs bocaux, placez les fractions à l'intérieur en les disposant au mieux.

IV. — PRÉFÉREZ LES FORMES DE BOCAUX PRATIQUES.

Pour les fractions de Poires, utilisez préférablement aux bocaux de forme conique, les bocaux de forme cylindrique plus pratiques. Ceux d'une contenance d'un litre environ sont largement suffisants pour une coupe ou la garniture d'un entremets assurant le service de 8 à 10 personnes. Vous pourrez également en conserver quelques demi-litres pour la confection des Macédoines.

Je vous indique, comme base de rendement, que 3 kilogrammes de Poires fractionnées donnent seulement trois bocaux d'un litre. Le déchet oscille entre 290 à 310 grammes par kilogramme de fruits.

Comptez aussi, pour le sirop de sucre, trois petites louches par bocal. Ainsi donc, le prix de revient d'un bocal d'un litre s'établit entre 1 franc et 1 fr. 50 lorsque les fruits doivent être achetés ; il s'abaisse, au contraire, des deux tiers, lorsque les fruits sont recueillis au jardin.

V. — DERNIÈRES MANIPULATIONS.

Après avoir nettoyé et égoutté soigneusement les récipients, levez chacune des fractions de fruits macérant encore dans le sirop et introduisez-les au mieux sans plus attendre. Prenez pour cela une spatule en bois ou une cuiller, afin de ne pas les piquer et laissez-les se placer seules dans le bocal. Pour la première mise, inclinez celui-ci, et les fractions glisseront comme sur un plan incliné sans détérioration aucune.

De temps à autre, secouez et frappez doucement le

flacon pour aider les fractions à se placer, et éviter ainsi les vides survenant au cours des mises successives.

Mouillez ensuite les fractions avec le sirop de sucre dans lequel elles ont macéré, mais passez-le au tamis fin ou au chinois pour en retenir les petites molécules et parcelles de fruits en suspension dans le sirop. Ne remplissez pas le flacon entièrement de sirop ; comptez sur le jus des fruits, trois centimètres de vide sont suffisants. Bouchez les flacons ; mettez au bouilleur et aussitôt faites cuire pendant *une heure pour les litres, quarante minutes pour les demi-litres, puis laissez refroidir les flacons et vérifiez le bouchage ainsi que cela vous a été plusieurs fois indiqué.*

VI. — UNE INTÉRESSANTE VARIANTE.

Les fabricants de différents systèmes de bouchage donnent des temps de stérilisation beaucoup plus courts et recommandent le blanchiment des fruits et le rafraîchissage ; je n'ai jamais expérimenté cette manière de faire ; si vous voulez l'essayer, faites bouillir pendant quinze minutes les demi-litres, vingt minutes les litres.

Voici une autre recette spéciale au bouchage pneumatique ; elle diffère de la précédente par de nombreux côtés : piquez les Poires avec un poinçon en laiton à l'œil de la Poire et mettez les fractions dans une bassine d'eau jusqu'à l'ébullition. Laissez un instant reposer, réchauffez ainsi deux ou trois fois jusqu'à ce qu'en piquant un quartier de Poire vous jugiez qu'elle est presque cuite et blanche. Rafraîchissez-les dans un récipient d'eau froide renouvelée, pelez, lavez, égouttez, plongez les Poires dans un sirop bouillant de 25 degrés, laissez tremper dans le sirop pendant douze heures, mettez en flacons, garnissez de sirop à 25 degrés, *bouchez, désoxygénez jusqu'à 85 degrés, chauffez deux minutes, arrêtez le feu et laissez refroidir dans le bain.*

Vous pourrez, si vous êtes friand de cette conserve — et que vous en fassiez de grandes réserves — préparer de délicieux desserts avec des produits dont vous auriez peu apprécié la valeur en saison, en raison de l'abondance de la récolte et de la rapidité de maturité.

VII. — PRÉPARATION DES POIRES ENTIÈRES.

Les petites Poires : Rousselet, d'Angleterre et mille autres variétés, peuvent être conservées de la même manière que les gros fruits ; seulement, en raison de leur taille, gardez-les entières avec leur pédoncule raccourci. Ce n'est pas, ainsi parées, le moindre attrait qu'elles présentent.

SUCCESSION DES OPÉRATIONS. — Prenez des petits fruits mûrs, pelez-les, raccourcissez le pédoncule et plongez-les dans le sirop de sucre ; mettez en flacons d'un litre de préférence, bouchez, stérilisez.

Répétez absolument les mêmes manutentions et apprêts que pour la conservation des Poires entières : épluchage, en commençant par la suppression de l'œil du fruit et en évitant le plus possible sa détérioration. Cette préparation est néanmoins quelque peu simplifiée, car les fruits ne sont pas fractionnés ; le pédoncule seul est raccourci. Dans cet état, faites-les macérer dans le sirop de sucre tiède, titrant 25 degrés, ce qui évite le blanchiment ou le bain dans l'eau acidulée.

Le placement des fruits dans les flacons demande quelques petits soins supplémentaires en raison du pédoncule des fruits. Prenez soin de faire chevaucher solidement les Poires les unes sur les autres, montez-les et dirigez les pédoncules en l'air.

Placez surtout convenablement la première rangée de fruits à l'aide de la batte plate ou d'une fourchette. Dans un bocal d'un litre, quatre Poires peuvent occuper le fond et c'est dans les intervalles qu'elles forment que vous placez les rangs supérieurs. Aussitôt que le bocal est rempli, mouillez de sirop de sucre et *donnez le même temps de cuisson que pour les Poires fractionnées : une heure pour les litres, quarante minutes pour les demi-litres (bouchages hermétiques). Pour les flacons du bouchage pneumatique, même temps de cuisson que pour les Poires fractionnées.*

Les Poires ainsi conservées garnissent fort bien les couronnes de Savarin, les pains de semoule, les tartes, etc., et les compotes de fruits y gagnent en aspect.

CHAPITRE XX

LES POMMES ET LES COINGS

I. A quelle époque faire les Conserves de Pomme. || II. Préférez les Pommes a chair ferme || III. Les fruits doivent être sains. || IV. Comment préparer les fruits. || V. Evidez le centre des Pommes. || VI. Mettez les fruits dans le sirop de sucre. || VII. Pommes en rondelles. || VIII. Conservez aussi des Coings.

Cette préparation est peut-être une de celles le moins couramment usitée dans la catégorie des Conserves de fruits au sirop. Elle répond, c'est certain, à un besoin moins évident que les autres fruits, puisque des variétés de Pommes très tardives se conservent à l'état frais au fruitier jusqu'en Avril-Mai.

Mais, comme il est très agréable de s'assurer à peu de frais des provisions excellentes, je conseille surtout cette préparation aux personnes ayant peu de fruits de garde, et disposant au contraire des sortes d'arrière-saison en abondance.

Toutes les variétés de Pommes « à couteau » peuvent fournir des Conserves exquises pour l'Hiver. Les meilleures sont celles qui font les plus délicieuses Confitures : toutes les espèces de Reinettes ou encore les variétés locales, souvent si savoureuses et si juteuses. Si les Pommes sont sucrées, juteuses, à chair transparente et parfumée, la finesse de la préparation en est augmentée.

Si, au contraire, vous prenez des Pommes à chair sèche et cotonneuse, sans parfum, qui ne rendent aucun jus, la Conserve est de qualité inférieure, malgré les soins apportés à la préparation et la quantité de sucre employée. C'est le cas notamment pour les Pommes Rambourg et Grand Alexandre qui sont des fruits magnifiques, mais sans grandes qualités.

Vous pourrez conserver les Pommes de deux façons différentes : entières ou en rondelles comme les Ananas ; les premières sont d'une présentation plus séduisante que les fruits fractionnés, mais la qualité des deux est égale.

SUCCESSION DES OPÉRATIONS. — Choisissez des fruits moyens sains et mûrs, pelez-les en enlevant l'œil comme pour les Poires, puis évidez le centre. Mettez macérer dans le sirop de sucre, disposez en flacons, mouillez de sirop, bouchez, ébullitionnez et stérilisez.

I. — A QUELLE ÉPOQUE FAIRE LES CONSERVES DE POMMES.

L'époque de la récolte des variétés de Pommes d'Hiver, de fin Septembre à fin Octobre, est tout indiquée pour confectionner des confitures, des pâtes succulentes, et conserver en même temps des fruits au sirop en entier ou en fractions. Le triage des Pommes se fait au fur et à mesure du rangement au fruitier, ce qui permet de mettre de côté les quantités nécessaires pour ces différentes préparations. Mais si vous n'êtes pas pressée d'effectuer ces réserves, vous pouvez les retarder d'un mois et plus sans dommage, et y procéder seulement dans la première quinzaine de Décembre.

En effet, après la cueillette des fruits d'hiver, qui n'est pas l'époque de leur complète maturité, puisque celle-ci s'achève au fruitier, une véritable transformation s'opère dans la pulpe. D'aqueux que le fruit était lorsqu'on l'a détaché de l'arbre, il perd progressivement de son acidité en même temps qu'il devient de plus en plus sucré.

Par conséquent, les Conserves faites en Novembre avec les mêmes sortes de Pommes sont infiniment plus sucrées et plus fines que celles confectionnées en Octobre. N'attendez toutefois pas que le fruit se ride, parce qu'il rend alors moins de jus et n'a plus autant de parfum. Si la place manque au fruitier, vous pouvez très bien étendre les Pommes sur de la paille sèche au grenier ou dans tout autre pièce saine, où elles se conservent jusqu'en Décembre, époque que je vous conseille de ne pas dépasser en raison du déchet que donnent les fruits.

II. — PRÉFÉREZ LES POMMES A CHAIR FERME.

Je vous recommande entre toutes les variétés les Reinettes *blanche et grise du Canada*, *franche de Cuzy*, *grise*, *dorée*, *musquée*, *de Baumann*, *Clermontoise*, *tardive* et toutes les autres sortes de Reinettes. Ces Pommes ont une chair serrée, blanche, savoureuse, parfumée, sucrée, et aussi transparente d'aspect que délicieuse au goût.

Si vous possédez un verger, cueillez les Pommes par un temps sec. Prenez uniquement les fruits qui se détachent de la branche en les soulevant comme nous vous l'avons indiqué pour les Pêches. Si vous sentez une résistance trop grande n'insistez pas, le fruit n'est pas à point; rentré au fruitier ou étendu sur une litière, il se riderait et ne ferait jamais qu'un mauvais fruit ; sa chair resterait sans saveur. Posez-les, une à une, dans un panier, sur une claie, une bourriche, dont vous avez préalablement garni le fond de foin ou de mousse sèche, pour éviter les chocs qui flétrissent l'épiderme et endommagent la chair la ternissant en brun.

Ne laissez jamais vos fruits en masse, si vous ne pouvez les utiliser de suite ils « graissent » et deviennent humides. Étalez-les au contraire dans un local sain, sur de la paille sèche.

III. — LES FRUITS DOIVENT ÊTRE SAINS.

La récolte d'un verger comporte : de très beaux fruits, des fruits moyens, des fruits petits, des fruits véreux et des fruits tachés.

Les meilleurs fruits et les plus avantageux pour cette préparation sont les Pommes moyennes bien faites et les plus saines. Ce serait en effet dommage de convertir ces fruits en Conserves, surtout ceux qui ont pu être mis en sacs, véritables fruits de choix qui figureront avec honneur sur la table en Hiver, et qu'il est préférable de manger à l'état frais en arrière-saison.

Lors des années d'abondance de Pommes, affectez à vos préparations au sirop, compotes et confitures les fruits sains, moyens et petits ; dans une année de disette, au contraire, les fruits moyens sont conservés frais pour la table et les petits transformés en gelée.

Par contre, je vous déconseille formellement l'emploi des fruits véreux et surtout ceux dont la décomposition commence. Un fruit véreux n'a souvent pu atteindre son développement normal ; sa saveur laisse généralement à désirer, et il peut être considéré comme un fruit malade. D'autre part, ses parties gâtées communiquent parfois aux autres une amertume insupportable dont les mauvais ferments peuvent compromettre le résultat.

Les fruits dont l'épiderme seul est taché ne rentrent

pas dans la catégorie de ceux à éliminer. Ne jetez donc pas ces fruits, qui trouvent leur emploi pour la confection des compotes à consommer de suite.

Adoptez les flacons de forme cylindrique plus pratiques pour l'entrée et la sortie des fruits.

IV. — COMMENT PRÉPARER LES FRUITS.

Pelez chaque Pomme soigneusement en vous servant d'un couteau à lame effilée ; celle-ci, par sa finesse, pénètre là où une lame arrondie ne le peut aussi parfaitement.

Saisissez le fruit et tenez-le bien dans la main gauche, en l'inclinant légèrement sur la droite.

Pratiquez au sommet, autour de l'œil, avec la pointe du couteau dirigée en biais, une incision circulaire, de la grandeur d'une pièce d'un franc, qui détache l'œil avec un cône de chair très court, puis tenez le couteau presque horizontal et tournez la Pomme, continuez en enlevant une lanière d'écorce large d'un centimètre et demi et très mince. Finissez de peler votre Pomme en enlevant une partie de chair autour du pédoncule, comme vous l'avez fait au sommet.

Cette façon de faire est très expéditive et de beaucoup préférable à celle qui consiste à peler les Pommes en lanières après qu'elles ont été fractionnées.

V. — ÉVIDEZ LE CENTRE DES POMMES.

Effectuez cette opération de deux manières : avec le couteau pointu qui a servi à peler les fruits et aussitôt après l'épluchage de chacun d'eux pour ne pas que la chair jaunisse ; ou avec le vide-pommes, petit instrument très pratique spécial à cet usage.

A plusieurs points de vue, l'emploi du vide-pommes est préférable ; mais pour le cas où vous ne le trouveriez pas parmi vos petits ustensiles de cuisine, voici comment vous pouvez enlever le cœur des Pommes avec un simple couteau.

Emploi du couteau : Dès que le fruit est pelé, introduisez l'extrémité de la lame étroite et aiguë dans l'incision circulaire où se trouvait l'œil du fruit. Engagez-la seulement de trois à quatre centimètres, tournez-la à l'intérieur pour enlever le cœur et les pépins et sortez au dehors ce que vous venez d'enlever. Faites alors basculer le fruit, raclez l'autre côté de la même façon afin qu'il soit percé longitudinalement d'une sorte de cheminée.

Si vous possédez assez d'habileté, cet enlèvement se fait sans trop de dommage ; mais je vous conseille quelque précaution en tournant le couteau à l'intérieur : il ne doit pas mordre trop, et il doit être passé vivement en raclette, car si vous allez lentement vous risquez, en le dirigeant trop en biais, de fendre le fruit et de vous entamer les doigts ; *le couteau glisse certainement s'il n'est pas tenu fermement et bien dirigé ;* les vides sont généralement différents et mal faits.

Emploi du vide-pommes : Si vous évidez le centre des fruits avec le vide-pommes, rien de pareil n'a lieu et le travail est beaucoup plus rapidement exécuté. Le vide-pommes est une sorte de petit cylindre en fer blanc dont le bord supérieur arrondi permet de ne pas vous blesser la main quand vous donnez la pression nécessaire pour le faire pénétrer dans la Pomme. Epluchez le fruit comme précédemment, posez-le sur la table et entrez le vide-pommes bien au milieu. Appuyez fortement, et au fur et à mesure qu'il pénètre, le cœur rentre dans le tuyau formant un vide net et propre, sans risque d'entailler les doigts et le fruit.

VI. — METTEZ LES FRUITS DANS LE SIROP DE SUCRE.

Au cours de ces deux opérations simultanées : épluchage et forage du cœur, mettez les fruits dans le sirop de sucre préalablement fait et dès que vous avez réuni une quantité de fruits suffisante pour trois à quatre bocaux, soit quinze à vingt pommes, placez-les dans les flacons.

C'est le remplissage le plus facile qui soit en raison du poids et de la forme des Pommes. Dressez chaque fruit avec une fourchette et aidez-vous de la batte plate, dès qu'il y repose solidement et se présente tel qu'il était sur la branche, le côté du pédoncule à la partie supérieure, inclinez le bocal, introduisez-le à l'intérieur et faites-le glisser doucement contre les parois du flacon comme les Figues, de façon qu'il touche le fond sans rouler. L'introduction du premier fruit demande quelque attention, ensuite les autres se placent seuls pour ainsi dire et plus facilement, au fur et à mesure que le vide diminue.

Rectifiez leur position avec la batte, de manière que la pile soit droite, mouillez de sirop et laissez un vide de trois centimètres environ. Bouchez et stérilisez le même temps que pour les Poires fractionnées.

Ces Pommes sont la base d'exquis entremets chauds ou froids. Ainsi posées en turban sur des croûtons au beurre et fourrées de gelée de Groseilles elles sont très appréciées ; servies froides avec un cordon de Cerises au sirop, c'est encore un dessert appétissant.

VII. — POMMES EN RONDELLES.

Les conseils précédemment donnés pour la préparation

des Pommes entières au sirop s'appliquent également à la Conserve des Pommes en rondelles pour Compotes, si vous désirez en ajouter à vos provisions de fruits.

SUCCESSION DES OPÉRATIONS. — Pelez les Pommes, forez le cœur, sectionnez-les en rondelles. Mettez en flacons. Mouillez de sirop et stérilisez.

Conduisez cette Conserve rapidement autant que possible. Si vous ne confectionnez que cinq ou six pots d'une contenance d'un litre, une personne peut l'effectuer seule ; mais à partir de cette quantité, adjoignez-vous une aide afin que la préparation ne dure pas trop.

Après avoir pelé et foré une Pomme, taillez-la en rondelles comme si vous vouliez faire des beignets. Déposez le fruit sur la planche à hacher ou sur la planche à pâtisserie, et après l'avoir immobilisé avec la main gauche, taillez vivement les rondelles pour les avoir avec une plus grande régularité. Aussitôt qu'un fruit est fractionné, mettez-le dans un récipient profond contenant du sirop de sucre en quantité suffisante pour que les tranches en soient complètement recouvertes. De cette façon, elles s'imprègnent de sucre, sont plus savoureuses et ne se colorent pas désagréablement en jaune.

Ne versez pas les rondelles en vrac dans les flacons, ce désordre fait perdre au moins un tiers de la place. Les rondelles se perchant les unes sur les autres ; disposez-les plutôt comme les rondelles d'Ananas en pile régulière, faites-les chevaucher à la façon des demi-Pêches pelées. Mouillez de sirop en laissant un vide de trois centimètres environ, bouchez et stérilisez comme pour la préparation des Pommes entières.

Ces fractions de Pommes font d'exquises compotes et

FIG. 82, 83, 84. — PELEZ, ÉVIDEZ LE CŒUR DES POMMES ET DIVISEZ-LES EN RONDELLES.

Détachez la peau de chaque Pomme en longue spire rubanée, enlevez le cœur et les pépins avec le couteau, ou le vide-pommes ; taillez alors la chair en rondelles régulières de 4 millimètres d'épaisseur.

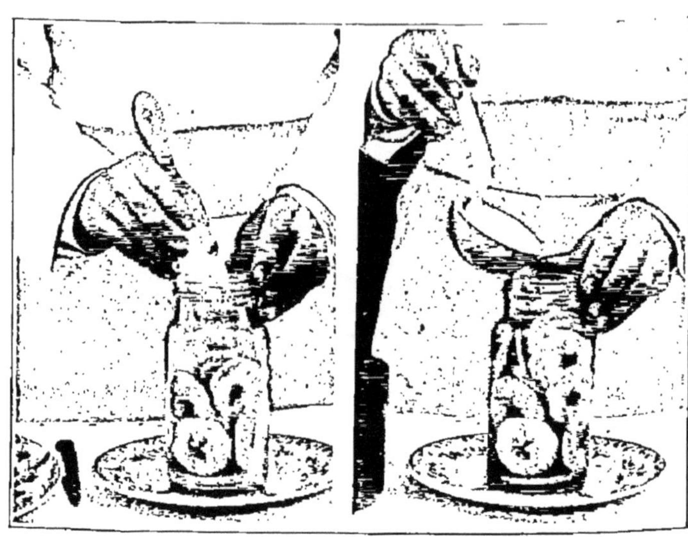

FIG. 85, 86. — POMMES EN RONDELLES EN FLACONS.
Voici le plus mauvais exemple de remplissage d'un flacon. Trois fruits à peine sont contenus dans chacun d'eux. Placez au contraire les rondelles à plat en les faisant chevaucher les unes sur les autres.

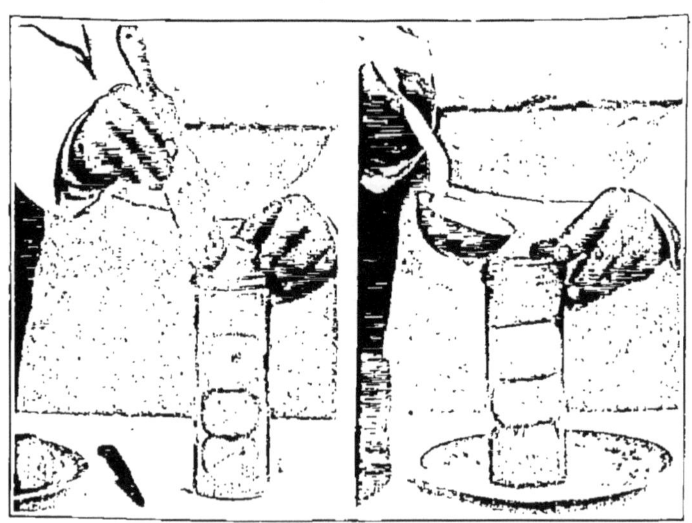

FIG. 87, 88. — POMMES ENTIÈRES EN FLACONS.
Superposez les fruits en vous aidant du manche de la fourchette ou de la batte pour former une pile impeccable ; mouillez aussitôt de sirop de sucre jusqu'au bord des flacons et bouchez.

même des puddings délicieux ; sur un socle de riz recouvert d'une crème Chantilly leur finesse est encore plus marquée.

VIII. — CONSERVEZ AUSSI DES COINGS.

Les propriétés hygiéniques des Coings sont une des principales raisons pour lesquelles on conserve leur pulpe en pâte épaisse, et leur jus en gelée ; mais ils peuvent également être conservés au sirop de sucre.

Dans ces conditions, traitez les Coings de la même manière que les Pommes. Essuyez-les avec un linge rude pour enlever l'espèce de duvet floconneux qui recouvre leur épiderme, et faites-leur subir un blanchiment de trois minutes facilitant d'une part l'enlèvement de l'épiderme et leur ôtant, de l'autre, un peu de l'âcreté dont ces fruits sont imprégnés.

Pelez-les absolument comme les Poires et divisez de même leur chair en quartiers au fur et à mesure de l'épluchage. Enlevez le cœur, blanchissez les fractions à l'eau bouillante deux à trois minutes, rafraîchissez-les à l'eau froide courante. Pressez, faites égouter sur le tamis et mettez en flacons — litre ou demi-litre — puis couvrez de sirop de sucre à 25 degrés. Donnez le même temps de cuisson que pour les Pommes.

CHAPITRE XXI

LES PRUNES REINES-CLAUDE

I. Quelles Prunes conserver. || II. Trois méthodes de conservation. || III. Choix et cueillette des fruits. || IV. Préparation des fruits.

Il n'est pas de jardin fruitier qui ne possède quelques Pruniers, car cet arbre a sur le Pêcher et l'Abricotier l'avantage d'être plus accommodant.

C'est avec plaisir que l'on déguste les excellentes Prunes Reines-Claude en Août et Septembre, en trouvant que la production est trop courte. Cette période peut être allongée à votre gré, Madame, en profitant de la grande production, pour préparer d'excellentes Conserves de fruits entiers et des confitures toujours très appréciées.

I. — QUELLES PRUNES CONSERVER?

Parmi les centaines de variétés de Prunes, la Reine-Claude est la Prune de choix. Ce fruit charnu, sucré, rafraîchissant, généralement d'une jolie teinte verte passant au jaune ambré teinté de rose, est largement apprécié dans l'industrie des Conserves, et il importe que pour celles que vous projetez de préparer à la maison, d'employer une espèce exquise : la vraie Reine-Claude ronde, grosse et charnue, en même temps que juteuse, d'un vert riche et très parfumée.

C'est la *Reine-Claude dorée*, ou *Reine-Claude verte*, d'ailleurs la plus répandue, que vous devez préférer entre toutes les variétés. Elle est à la fois la meilleure des Prunes et la Prune de Conserve par excellence. C'est aussi la plus précoce des Reines-Claude.

A défaut de celles-ci, et pour les Conserves plus tardives, ce qui est précieux pour les personnes qui passent le mois d'Août à la mer ou dans les villes d'eau et qui ne restent dans leurs propriétés qu'en Septembre, les variétés : *Reine-Claude de Chambourcy*, qui s'en rapproche assez et qui est surtout cultivée dans les environs de Paris ; *Reine-Claude de Wazan*, *Reine-Claude diaphane*, *Reine-Claude d'Althan*, et, dans les années chaudes, la *Reine-Claude de Bavay*.

II. — TROIS MÉTHODES DE CONSERVATION.

Les Prunes Reines-Claude peuvent être préparées de nombreuses façons, parmi lesquelles je dégagerai les suivantes : 1° au sirop de sucre et stérilisées au bain-marie ; 2° au sirop de sucre concentré, avec ou sans stérilisation au bain-marie, ou fruits reverdis au sirop ; 3° au sirop de sucre additionné d'alcool, sans qu'il soit besoin d'une fermeture absolument hermétique.

Le premier procédé, ou Conserve au sirop, est plus simple que les suivants; les fruits sont moins sucrés et moins liquoreux; il comporte les opérations suivantes faciles et vite exécutées : raccourcir, piquer et raffermir les fruits à l'eau froide courante, les égoutter, les mettre en bocal, remplir celui-ci de sirop de sucre et stériliser au bain-marie.

Sous cette forme, les Reines-Claude conservent largement leur goût et leur parfum naturels, mais elles perdent leur couleur verte, jaunissent légèrement et n'ont plus tout à fait leur forme intacte.

La seconde manière est plus compliquée, mais les fruits sont plus fins et plus savoureux.

Les premières manipulations : suppression du bourrelet du pédoncule, piquage et raffermissage, sont communes à la première méthode ; mais les Prunes sont en outre blanchies, rafraîchies, égouttées sommairement et plongées dans un sirop bouillant à 22 degrés, dans lequel elles cuisent pendant cinq à huit minutes. Ensuite elles sont mises en bocal, que l'on bouche et ferme avec le ressort. Cette dernière manipulation doit être répétée à vingt-quatre heures d'intervalle, lorsque le bouchage ne s'effectue pas hermétiquement du premier coup, mais elles peuvent être stérilisées aussi, absolument comme les Reines-Claude au sirop.

La troisième méthode est semblable à la seconde ; mais elle comprend, en dernier lieu, l'ajouté d'alcool qui assure la conservation des fruits sans qu'une fermeture hermétique soit indispensable. En outre, les fruits restent tout à fait verts et leur goût rappelle, en très doux, celui des Prunes à l'eau-de-vie.

SUCCESSION DES OPÉRATIONS. — Prenez des fruits à peine mûrs, raccourcissez le pédoncule, piquez-les, plongez-les dans l'eau froide, égouttez sur une serviette, mettez en flacons et versez sur elles le sirop de sucre, bouchez, ébullitionnez au bain-marie.

III. — CHOIX ET CUEILLETTE DES FRUITS.

Si la taille de vos Pruniers le permet, cueillez les fruits vous-même, choisissez-les directement sur l'arbre. Le meilleur moment est la matinée, par un temps sec avant que les rayons du soleil n'aient par trop chauffé les fruits.

Munissez-vous d'une corbeille ou d'un panier avec ou sans anse. Vous pouvez très bien utiliser pour cela les paniers d'emballage de fleurs de Nice, dont vous enlevez les couvercles; cela vous permet de ne pas transvaser vos fruits, si vous en cueillez une grande quantité à la fois. Matelassez le fond des paniers ou des corbeilles avec un capitonnage de foin, de frisures de bois très fines ou de papiers, d'ouate ainsi que nous vous l'avons indiqué Chap. II, § 2.

Pour la préparation au sirop de sucre stérilisé, choisissez des Prunes moyennes, bien formées et absolument intactes, avant leur complète maturité et avant qu'elles ne se détachent d'elles-mêmes de leur pédoncule. Pour les Prunes, au sirop concentré rehaussé d'alcool, prenez-les à trois jours de leur maturité. Eliminez surtout celles qui seraient déjà piquées par les guêpes ou autres mouches.

Cependant, ne prenez pas les Reines-Claude alors qu'elles sont encore vertes et croquantes ; dans cet état, elles sont trop aqueuses et pas assez sucrées; mais, quelques jours avant leur maturité complète, quand la couleur passe du vert intense opaque au vert plus clair, qu'une couche de carmin s'est posée sur la face insolée et que les parties vertes prennent à la fois des reflets glauques et de la transparence.

Saisissez délicatement chaque fruit, afin de ne pas enlever la pruine dont il est recouvert (on nomme pruine la légère couche bleuâtre, impalpable, qui recouvre tous les fruits qui n'ont pas été trop manipulés). Celle-ci est donc pour vous une indication précieuse de la fraîcheur des Prunes, si vous devez les acheter.

Pour cueillir les fruits, pincez le pédoncule de chacun d'eux à son point d'adhérence sur la branche, afin de le détacher d'elle sans secousse. Cela fait, et en prenant chaque Prune par son pédoncule, placez-les au fur et à mesure dans le panier sur le capitonnage de foin ou d'ouate.

Ne manipulez pas trop les Reines-Claude, c'est-à-dire ne les remuez pas en les tournant en tous sens. Ne les enlevez du panier qu'au moment de leur préparation, et cette préparation doit suivre immédiatement la cueillette, car, lorsqu'il fait chaud, les Prunes mûrissent vite, même détachées de l'arbre.

Un bocal d'un litre contient environ une livre et demie de Prunes, soit 20 à 22 Reines-Claude de grosseur moyenne. Aussitôt que vos fruits sont tous cueillis, et avant toute chose, préparez le sirop de sucre dans lequel ils doivent baigner.

Le sirop de sucre à froid peut entrer dans la première préparation, les bocaux étant mis à stériliser pendant une demi-heure. Préparez donc votre sirop, ainsi que je vous l'ai indiqué Chap. IV, § 2.

IV. — PRÉPARATION DES FRUITS.

Pendant que le sucre fond, préparez vos fruits. Vérifiez-les à nouveau, au fur et à mesure que vous les préparez, de façon à ne prendre que ceux absolument indemnes de la plus petite détérioration, défauts qui auraient pu passer inaperçus à la cueillette.

Supprimez d'abord, avec des ciseaux à lames effilées, le bourrelet du pédoncule, sorte d'excroissance ligneuse qui constituait l'attache du fruit sur la branche, en coupant le pédoncule légèrement au-dessous.

Cela fait, si vous êtes seule pour effectuer cette préparation, piquez la Prune immédiatement de façon à ne pas avoir à la reprendre ensuite; mais, si cette préparation est conduite par deux personnes, l'une coupe le pédoncule, tandis que l'autre pique les fruits au fur et à mesure.

Pour cela, prenez chaque Reine-Claude par le pédoncule avec la main droite et posez-la doucement dans le triangle formé par la réunion des trois premiers doigts de la main gauche (pouce, index, majeur), qui retiennent sa base; ouvrez les branches des ciseaux et coupez très court au-dessous du bourrelet. Piquez ensuite chaque fruit autour du pédoncule et à des places différentes avec une longue aiguille d'argent ou d'acier; faites environ huit à dix piqûres en enfonçant chaque fois l'aiguille jusqu'au noyau.

Cela fait, plongez chaque Prune, au fur et à mesure qu'elle est préparée, dans un récipient rempli d'eau froide pour les raffermir. Quand la dernière a rejoint les autres, vérifiez si le sucre est fondu complètement ou non, et mélangez le tout pour le rendre bien homogène.

Avant de mettre les Reines-Claude en flacons, il importe de les faire ressuyer. Prenez l'écumoire spéciale et glissez-la sous les Reines-Claude qui ont gagné le fond du récipient : levez-en quelques-unes à la fois et prenez-les ensuite une à une par le pédoncule, puis posez-les sur des linges qui absorbent l'eau s'écoulant de leurs parois.

Après dix minutes d'attente les Prunes sont assez ressuyées pour être mises dans les flacons. Placez chaque fruit absolument de la même façon que les Abricots, Chap. VI, § 4. Tassez les Prunes sans les froisser et comblez le mieux possible les vides qui se produisent au cours du placement des fruits. Aussitôt que vos bocaux sont prêts, mouillez de sirop de sucre titrant 28 degrés jusqu'à trois centimètres environ des bords du flacon. Bouchez, mettez dans le bain-marie pour en stériliser le contenu par l'ébullition et assurer la fermeture étanche et pneumatique du couvercle par la compression atmosphérique, Volume I, Chap. VIII.

Les flacons d'un litre à bouchages hermétiques demandent une heure d'ébullition, les demi-litres une demi-heure ; ne les laissez pas refroidir dans le bain. Pour ceux du bouchage pneumatique, désoxygénez à 80 degrés, pincez les tétons, chauffez deux minutes, arrêtez le feu, laissez refroidir dans le bain.

CHAPITRE XXII

LES PRUNES REINES-CLAUDE AU SIROP CONCENTRÉ ET ALCOOLISÉ

I. FAITES BLANCHIR PUIS REVERDIR LES PRUNES AU SIROP CONCENTRÉ. || II. STÉRILISATION ET BOUCHAGE HERMÉTIQUE SANS CUISSON AU BAIN-MARIE. || III. VIEILLE RECETTE DE PRUNES REINES-CLAUDE AU SIROP ALCOOLISÉ.

LES Prunes Reines-Claude au sirop concentré, préparation fine et délicate, pourraient aussi s'appeler : Reines-Claude reverdies au sirop puisque les fruits, après avoir subi le blanchiment, sont aussitôt le rafraîchissage réchauffés et reverdis dans un sirop de sucre concentré. Cette préparation est en tous cas plus compliquée que les fruits au sirop stérilisé ; mais les Prunes conservées ainsi sont préférées par quantité de personnes, parce que plus confites, croquantes et sucrées. Elles constituent en outre un dessert choisi, les fruits ayant gardé leur forme et leur belle teinte verte.

SUCCESSION DES OPÉRATIONS. — Mêmes manutentions que précédemment ; égouttez sur le tamis, blanchissez, raffermissez-les à l'eau froide, égouttez à nouveau et faites-les cuire. Mettez en flacons, ébullitionnez le sirop et versez chaud sur les fruits. Bouchez rapidement. Procédez d'une façon identique pour les fruits au sirop rehaussé d'alcool.

Pour ces seconde et troisième manières, choisissez les Reines-Claude de moyenne grosseur, à peau lisse, sans rugosité, également aux approches de la maturité, mais peu avancées, avant que l'épiderme et la chair prennent de la transparence, alors que la teinte verte opaque a des tendances à pâlir.

I. — FAITES BLANCHIR PUIS REVERDIR LES PRUNES AU SIROP CONCENTRÉ.

Après avoir préparé les Prunes (suppression du bourrelet, piquage, raffermissage) comme pour la première méthode, faites-les blanchir pour les débarrasser le plus possible de leur acidité, puisqu'elles ne sont pas complètement mûres.

Comptez que cette opération du blanchiment fait perdre aux Prunes une partie de leur volume, environ la moitié, ceux-ci se placent également mieux de telle sorte qu'un bocal d'un litre qui en comporte une vingtaine, nécessite pour être plein 30 à 35 fruits ; et une série de sept bocaux peut contenir 11 à 12 kilogrammes de fruits. D'après ces données, il vous est facile de limiter le nombre de fruits à la quantité de Conserves que vous désirez préparer.

C'est seulement quand les Prunes sont blanchies que vous mettez le sirop de sucre à cuire, en le préparant comme je vous l'ai précédemment indiqué Chap. IV.

Lorsque votre sirop est à point, que les Prunes sont refroidies, sortez-les de l'eau et mettez-les égoutter sur les linges étalés, car il est préférable de ne pas les laisser plus de dix à douze minutes au dehors. Atténuez l'ardeur du feu et plongez alors les Prunes dans le sirop, gardez-vous de les jeter de haut; au contraire, placez-les par cinq ou six sur l'écumoire, et glissez-les dans le sirop en inclinant l'écumoire juste au-dessus.

Laissez les Prunes ainsi pendant huit à dix minutes, de façon qu'elles s'imprègnent de sucre et qu'elles soient réchauffées jusqu'au noyau. Levez-les alors une à une, et placez-les en bocaux, en opérant comme dans la préparation au sirop, mais en appliquant exactement la façon de faire suivante.

II. — STÉRILISATION ET BOUCHAGE HERMÉTIQUE SANS CUISSON AU BAIN-MARIE.

Pendant que vous posez le caoutchouc du bocal (s'il n'est pas fixé au couvercle), faites bouillir de nouveau le sirop de sucre cinq à huit minutes; versez-le prestement sur les Prunes, et laissez un vide d'un demi-centimètre entre la partie supérieure et le couvercle ; bouchez aussi vite que possible et mettez le ressort.

Versez le sirop hardiment et sans hésitation; le cuivre s'échauffant rapidement sur le feu, enveloppez les deux oreilles de la bassine avec un torchon roulé en spirale pour ne pas vous brûler.

Si vous n'avez pas la hardiesse d'une vraie praticienne, mettez chaque quantité de sirop, pour un bocal, à bouillir dans un petit poêlon de cuivre non étamé ; ou bien encore versez louche par louche; mais cette dernière façon d'opérer est peu recommandable, car le sirop se refroidit pendant ce temps, et il importe, avant tout, qu'il soit versé absolument bouillant pour assurer la fermeture hermétique des flacons.

Les fruits qui ont séjourné pendant dix minutes dans

le sirop de sucre sont très chauds et communiquent leur température au bocal, qui se dilate déjà un peu. L'introduction du sirop bouillant chasse l'air froid qu'il peut encore contenir, de telle façon que la pression atmosphérique agit sur le couvercle comme lors de la cuisson au bain-marie.

Mais, je vous le répète, il est essentiel que le sirop de sucre soit versé bouillant; lorsqu'il n'est que simplement chaud, ou que les Prunes sont déjà refroidies, la fermeture n'a pas lieu, et c'est principalement à cette cause qu'il faut attribuer les bouchages imparfaits.

Quand, le lendemain de l'opération, vous constatez si l'étanchéité des flacons est assurée, des couvercles sautent ou s'enlèvent facilement, répétez la dernière manipulation, c'est-à-dire faites réchauffer à nouveau le sirop de sucre et les Prunes ensemble.

Enlevez-les quand elles sont suffisamment chaudes, et versez le sirop absolument bouillant dans le bocal. Il est très rare qu'une troisième reprise soit nécessaire.

Si vous préférez stériliser les bocaux de Prunes Reines-Claude reverdies, terminez comme la préparation au sirop de sucre.

Préparez les Prunes Reines-Claude au sirop de sucre additionné d'alcool exactement de la même façon que les Prunes au sirop concentré, ajoutez seulement deux verres à madère d'alcool par litre de sirop. Mouillez les flacons à un centimètre des bords, bouchez prestement sans stériliser.

Ces deux préparations bien différentes par l'ajouté d'alcool sont également bonnes et vous pouvez choisir selon vos goûts, puisque l'une vous donne des desserts plus sucrés que l'autre, vous assurant une excellente provision pour l'hiver.

LES PRUNES REINES-CLAUDE AU SIROP

Un bocal de ces délicieuses Reines-Claude, servi dans une jolie jatte de cristal, sertie d'une bague en vermeil, est à la fois très élégant et très apprécié.

Leur emploi ne se limite pas seulement à être présentées ainsi : vous pouvez aussi en garnir des tartes et les mignonnes tartelettes feuilletées confectionnées à la maison.

III. — VIEILLE RECETTE DE PRUNES REINES-CLAUDE AU SIROP ALCOOLISÉ.

Voici une vieille recette qui vous permet encore de garder les Prunes Reines-Claude savoureuses. Ces Prunes ne sont pas stérilisées, mais simplement mises en bocaux ordinaires dans un sirop alcoolisé (voir Ch. IV).

Cueillez les Prunes Reines-Claude deux à trois jours avant leur maturité, afin qu'elles soient encore vertes et croquantes. Raccourcissez la queue, piquez-les ainsi que vous l'avez pratiqué pour les autres ; jetez-les au fur et à mesure dans l'eau froide, et, pendant qu'elles rafraîchissent, préparez le sirop à 22°, renforcez à 26°, puis 30 degrés.

Mettez fondre, dans une bassine en cuivre, 1 kilogramme de sucre mouillé d'un litre d'eau et cuisez à feu vif. Pendant la cuisson, dressez les fruits, égouttez-les quelques minutes et placez-les dans une terrine, une soupière ou un autre récipient. Lorsque le sirop bout, versez-le sur les Prunes ; elles surnagent aussitôt, forcez-les à s'enfoncer dans le sirop et pour cela, couvrez-les d'une clayette, d'un plat renversé ainsi que nous vous l'avons recommandé aux Fraises préparées sans stérilisation (Chap. XI, § 7). Couvrez le récipient d'une serviette et laissez macérer jusqu'au lendemain.

Reprenez alors le sirop et faites-le cuire à nouveau dans

la bassine en cuivre, dix minutes d'ébullition suffisent; renversez-le sur les Prunes et couvrez encore ; c'est une condition essentielle pour ne pas qu'elles noircissent.

Cette nouvelle plongée de vingt-quatre heures dans le sirop fait jaunir les fruits. Ce temps écoulé, versez fruits et sirop dans la bassine, et faites partir à feu clair.

Les Prunes sont tombées au fond, mais bientôt elles verdissent en remontant à la surface; retirez-les avec l'écumoire et posez-les sur le tamis.

Faites bouillir encore le sirop pour le renforcer à 30°, rangez les fruits dans les flacons, versez-y le sirop tiède, bouchez le lendemain à l'aide d'une rondelle de liège comme vous le faites pour les fruits à l'eau-de-vie, et ainsi que cela vous a été indiqué Volume I, Chapitre XVI, § 8. Trois ou quatre jours après, ajoutez de l'alcool à fruits : deux verres à bordeaux pour un flacon d'un litre et demi environ; et mélangez-le bien au sirop. Si vous craignez de toucher les fruits, videz le sirop, ajoutez-lui l'alcool, mélangez le tout, reversez-le sur les fruits et bouchez à nouveau.

Les Prunes Reines-Claude ainsi préparées sont exquises et peuvent être servies comme dessert et le sirop comme liqueur.

CHAPITRE XXIII

LES MARRONS ET LES NÈFLES

I. Préférez les gros Marrons. || II. Faites des Conserves de Nèfles.

Les Marrons sont rarement préparés au sirop de sucre et c'est un tort à mon avis, car en Novembre-Décembre, alors que les maîtresses de maison transforment leur pulpe farineuse en Confitures succulentes, il est également intéressant de les garder entiers au sirop comme les Poires et les Pommes.

SUCCESSION DES OPÉRATIONS. — Préférez les Marrons à peau mate, incisez chacun d'eux longitudinalement sur leur surface plate et mettez-les dans un récipient contenant de l'eau froide. Portez à l'ébullition, épluchez les Marrons, mettez en flacons, mouillez de sirop de sucre; bouchez et stérilisez.

I. — PRÉFÉREZ LES GROS MARRONS.

Achetez de gros Marrons à peau mate; ceux-ci ont plus de saveur et sont plus sucrés. Choisissez-les bien en chair, si rebondis qu'ils semblent près d'éclater; il est plus avantageux de les acheter ainsi, parce que les déchets provenant de l'enlèvement des enveloppes sont moindres.

Le bon Marron a l'écorce mate et rugueuse; il est gros et pesant, au contraire des sortes courantes à l'écorce lisse et luisante plus petits.

Maintenant que vous savez distinguer le bon Marron de celui qui l'est moins, voici comment vous opérerez pour enlever l'écorce brune, car cette première manipulation est la plus longue. Il convient donc de l'abréger autant que possible et, pour cela, suivez à la lettre ce que je vous recommande.

Soumettez les Marrons à une sorte de blanchiment. Incisez chacun d'eux longitudinalement sur leur surface plate, et mettez-les au fur et à mesure dans une casserole ou un autre récipient rempli d'eau. Veillez à ce qu'ils en soient tout à fait immergés, fermez avec le couvercle et portez à l'ébullition. Aussitôt que celle-ci se produit, commencez l'épluchage des Marrons, tirez la casserole du foyer même et éloignez-la du feu; les Marrons ne doivent pas bouillir dans cette eau, car vous éprouveriez de la difficulté à enlever l'épiderme; d'un autre côté il ne faut pas attendre que l'eau soit froide pour commencer cet épluchage.

Dès que vous pouvez supporter la chaleur des Marrons dans les doigts garantis par un linge, pêchez-les avec l'écumoire — une dizaine à la fois environ pour qu'ils ne se refroidissent pas trop — et lorsqu'ils sont épluchés, renouvelez la provision en employant le même procédé. Dès que vous observez que l'épluchage devient difficile, mettez doucement réchauffer le récipient quelques minutes.

Pour éplucher rapidement les Marrons, saisissez chacun d'eux entre le pouce d'un côté, l'index et le majeur de l'autre, réunis de manière que la partie bombée soit présentée vers vous; la partie rugueuse, coriace, qui forme

FIG. 89, 90. — RACCOURCISSEZ LE PÉDONCULE ET PIQUEZ LES REINES-CLAUDE.
Employez des ciseaux à lames effilées et abattez le bourrelet ligneux à chaque extrémité du pédoncule ; piquez ensuite 6 ou 8 fois les fruits avec l'aiguille et plongez-les dans l'eau froide.

FIG. 91, 92. — MISE EN FLACONS ET BAIN DE SIROP DE SUCRE.
Prenez les Prunes délicatement par le pédoncule si elles sont à point ; levez-les au contraire avec la fourchette si elles sont un peu mûres, car le pédoncule se détacherait. Faites le plein avec du sirop de sucre.

FIG. 93, 94, 95. — ÉPLUCHEZ ET METTEZ LES NÈFLES EN FLACONS.

Coupez d'abord l'extrémité du pédoncule et enlevez la rosette de folioles supérieures. Placez les Nèfles une à une dans le flacon ou par plusieurs à l'aide d'une cuiller. Remplissez de sirop de sucre.

l'assise du Marron, et qui se trouve à l'extérieur, est incisée en premier lieu de bas en haut. D'un mouvement sec, faites avec un couteau à lame effilée une incision au bas de cette assise pour la soulever, sans la détacher complètement, car il faudrait reprendre une nouvelle lanière. Une fois soulevée, servez-vous-en comme point d'appui pour tirer et détacher l'écorce sur la face bombée ; cela fait, l'écorce de l'autre côté s'enlèvera sans difficulté, entraînant avec elle la pellicule finement veinée qui s'incruste bien souvent dans les fissures de la pulpe et y adhère si intimement que la pointe du couteau peut seule la déloger. Enlevez-la donc avec celle-ci à chaque fois que vous remarquez qu'il reste des fines parties de pellicules. Vérifiez en même temps chacun des Marrons, et rejetez ceux piqués ou ceux dont la chair noire est susceptible de communiquer un goût désagréable. Ceux qui ne seraient même que partiellement mauvais devront être éliminés de votre choix.

Au fur et à mesure de l'épluchage, mettez les Marrons en flacons d'un litre, mouillez de sirop de sucre chaud titrant 24 degrés, bouchez et stérilisez le même temps que pour les Pommes.

II. — FAITES DES CONSERVES DE NÈFLES.

La Nèfle est un fruit assez répandu, mais peu consommé en France. On cultive principalement trois variétés de Nèfles : *Nèfle de Hollande*, *Nèfle commune*, *Nèfle sans noyau*.

C'est seulement en Novembre-Décembre, alors que la chair des Nèfles, étendues depuis leur récolte sur de la paille sèche, dans le grenier, est devenue blette que vous pouvez préparer ce fruit en Conserves ou le déguster frais.

Saisissez ce moment, car la Nèfle passe vite de la maturité à la décomposition.

Préparez les Nèfles au sirop comme les autres fruits ; et un sirop titrant 24 degrés est parfait pour elles.

SUCCESSION DES OPÉRATIONS. — Choisissez de belles Nèfles saines et mûres, blanchissez-les ; lavez, rafraîchissez, égouttez ; mettez en flacons, mouillez de sirop de sucre. Bouchez, stérilisez.

La Nèfle de teinte terne et mate a peu d'apparence et son goût fade et pâteux ne plaît qu'à peu de personnes. On lui prête de grandes qualités pour les affections gastro-intestinales et cette constatation est assez éloquente pour inciter les maîtresses de maison à en préparer quelques flacons.

Dès que vous constatez que les Nèfles fléchissent sous les doigts, triez et choisissez les plus jolies et indemmes de pourriture. Coupez au couteau, mais préférablement avec de bons ciseaux, l'extrémité du pédoncule qui peut être adhérent au fruit, et avec les ciseaux rasez les petites folioles couronnant le dessus du fruit.

Jetez-les au fur et à mesure dans un récipient d'eau froide et aussitôt l'épluchage terminé, dressez les Nèfles et blanchissez-les (Voir Chap. III, § 3).

Dès qu'elles deviennent molles, sans pour cela que la peau éclate et que la pulpe s'échappe, levez-les délicatement au moyen de l'écumoire et faites raffermir à l'eau froide courante.

Egouttez aussitôt le refroidissement complet, mettez en flacons comme les Cerises (Chap. IX, § 2), mouillez de sirop à 25 degrés et *bouchez, stérilisez quarante minutes pour les demi-litres (bouchages hermétiques), une heure un quart pour les litres et ne laissez pas refroidir dans le bain; pour les flacons du bouchage pneumatique désoxygénez à* 85 *degrés, pincez les tétons, faites bouillir deux minutes, arrêtez le feu et laissez refroidir dans le bain.*

TABLE ALPHABÉTIQUE

TABLE ALPHABÉTIQUE

TABLE MÉTHODIQUE DES MATIÈRES

TABLE MÉTHODIQUE DES MATIÈRES

www.ingramcontent.com/pod-product-compliance
Ingram Content Group UK Ltd.
Pitfield, Milton Keynes, MK11 3LW, UK
UKHW021044220726
13924UKWH00005B/2009